当代学术棱镜译丛 · 经典补遗系列
丛书主编 张一兵　副主编 周宪　周晓虹

黑格尔的精神现象学

〔德〕马丁 · 海德格尔 著 〔德〕英格特劳德 · 古兰特 编 赵卫国 译

南京大学出版社

《当代学术棱镜译丛》总序

自晚清曾文正创制造局，开译介西学著作风气以来，西学翻译蔚为大观。百多年前，梁启超奋力呼吁："国家欲自强，以多译西书为本；学子欲自立，以多读西书为功。"时至今日，此种激进吁求已不再迫切，但他所言西学著述"今之所译，直九牛之一毛耳"，却仍是事实。世纪之交，面对现代化的宏业，有选择地译介国外学术著作，更是学界和出版界不可推诿的任务。基于这一认识，我们隆重推出《当代学术棱镜译丛》，在林林总总的国外学术书中遴选有价值篇什翻译出版。

王国维直言："中西二学，盛则俱盛，衰则俱衰，风气既开，互相推助。"所言极是！今日之中国已迥异于一个世纪以前，文化间交往日趋频繁，"风气既开"无须赘言，中外学术"互相推助"更是不争的事实。当今世界，知识更新愈加迅猛，文化交往愈加深广。全球化和本土化两极互动，构成了这个时代的文化动脉。一方面，经济的全球化加速了文化上的交往互动；另一方面，文化的民族自觉日益高涨。于是，学术的本土化迫在眉睫。虽说"学问之事，本无中西"（王国维语），但"我们"与"他者"的身份及其知识政治却不容回避。但学术的本土化绝非闭关自守，不但知己，亦要知彼。这套丛书的立意正在这里。

"棱镜"本是物理学上的术语，意指复合光透过"棱镜"便分解成光谱。丛书所以取名《当代学术棱镜译丛》，意在透过所选篇什，折射出国外知识界的历史面貌和当代进展，并反映出选编者的理解和匠心，进而实现"他山之石，可以攻玉"的目标。

本丛书所选书目大抵有两个中心：其一，选目集中在国外学术界新近的发展，尽力揭櫫域外学术20世纪90年代以来的最新趋向和热点问题；其二，不忘拾遗补阙，将一些重要的尚未译成中文的国外学术著述囊括其内。

众人拾柴火焰高。译介学术是一项崇高而又艰苦的事业，我们真诚地希望更多有识之士参与这项事业，使之为中国的现代化和学术本土化做出贡献。

丛书编委会
2000年秋于南京大学

目　录

导言:作为科学体系第一部分的《精神现象学》的任务 ……… 001

第一节　现象学体系和哲学全书体系……………………………… 004

第二节　黑格尔对科学体系的理解………………………………… 013

a) 哲学作为“科学” ……………………………………… 013

b) 绝对的和相对的知识;哲学作为科学的体系 ………… 018

第三节　标明体系第一部分特征的两个标题的意义……………… 023

a)“意识经验的科学” …………………………………… 023

b)“精神现象学的科学” ………………………………… 030

第四节　《精神现象学》作为体系之第一部分的内在任务………… 034

a) 绝对知识的自我实现 ………………………………… 034

b) 对《现象学》意图的误解 ……………………………… 036

c) 与黑格尔争辩的条件 ………………………………… 038

预先考察 ……………………………………………………… 041

第五节　《现象学》的前提,其始于绝对的绝对开端 ……………… 043

a) 精神之自我实现的阶段 ……………………………… 044

b) 哲学作为其前提的展开;有限性问题和黑格尔的无限性难题 ……………………………………………………… 047

c) 关于文献，关于“存在”和“存在者”的术语以及阅读时的内心态度的简短提示 …………………………………… 051

第一部分：意识 …………………………………………………… 055

第一章 感性确定性………………………………………………… 057

第六节 感性确定性的直接对象…………………………………… 058

a) 直接知识作为我们绝对认知者的必然的最初对象 … 058

b) 事实本身的自在和自为存在以及“旁观”绝对知识；“超离的”绝对知识 …………………………………………… 062

c) 感性确定性之对象或知识的直接性；“纯存在”，现存性 ……………………………………………………… 067

d) 感性确定性的直接的纯存在中的差别和中介性——“这一个”样例之丰富性，作为我或作为对象的这一个 …… 073

e) 直接性和中介、本质和非本质的东西在感性确定性本身上的差别之经验；作为本质的这一个，它作为现在和这里的意义，作为这一个的本质之共相 ……………………… 075

f) 表述共相的语言和所意指的个别——存在论差异和辩证法 ………………………………………………………… 079

第七节 作为直接之物之本质的中介性和辩证的运动…………… 084

a) 意指活动作为感性确定性之本质；意指活动的当时性和普遍性 ……………………………………………………… 084

b) 我与对象无差别的感性确定性的直接性；已经指出的个别现在通过其运动达到共相 ………………………… 087

c) 作为对有限事物之扬弃，作为辩证法的绝对知识之无限

性;与黑格尔辩证法争辩的开端——存在之无限性或有限性 …… 090
d) 有关存在之无限性问题的照准点:精神从相对的东西中超离;无限性的逻辑的和主观的根据 …… 094
第二章 知觉 …… 101
第八节 知觉意识及其对象 …… 101
a) 知觉作为感性确定性和知性之间的中介和过渡 …… 101
b) 物作为知觉之本质性的东西;物性作为特质之“又”的统一 …… 105
c) 作为特有品性之条件的物的排他的统一性;知觉对象之特有品性和错觉之可能性 …… 108
第九节 知觉进行中介的矛盾性 …… 111
a) 错觉之可能性作为抓取和反思的知觉本身之矛盾的根据 …… 111
b) 作为抓取和反思的知觉中的物之矛盾的“一”和“又”的交替分配 …… 114
c) 物自身中的矛盾——自为存在和为他存在——以及知觉之反思的落空 …… 116
第三章 力和知性 …… 121
第十节 认识的绝对性 …… 121
a) 作为存在论的绝对认识 …… 121
b) 物的矛盾性在其作为力的本质中的统一 …… 126
c) 有限的和绝对的认识——“现象和超感的世界” …… 131
第十一节 从意识向自我意识的过渡 …… 139

a) 力与诸力的游戏;为他存在中的自为存在 ………… 139
b) 诸力之游戏的现象和规律的统一 ………………… 144
c) 自我的无限性;作为 λόγος 的精神,自我、神和 ὄν
……………………………………………………………… 153

第二部分:自我意识 ……………………………………… 157
第十二节 自我意识作为意识之真理……………………… 159
a)"它本身之确定性的真理" ……………………… 159
b) 从意识向自我意识过渡的意义 ………………… 162
第十三节 自我意识的存在………………………………… 168
a) 在其独立性中赢获本己之本己存在 …………… 168
b) 自持之物的新的存在概念,生命;黑格尔那里的存在与时间——"存在与时间" …………………………… 173

结 论……………………………………………………… 183
编者后记…………………………………………………… 184
重要词语德-汉对照表 ………………………………… 189

导言：作为科学体系第一部分的《精神现象学》的任务

下面的讲座是对黑格尔著作的解释，我们都很熟知这部被冠以《精神现象学》标题的著作。通过对标题及其各种不同文稿措辞的讲解，我们力求先对这部著作做一个无法回避的临时性说明，以便随即着手进行解释，更确切地说，绕过长篇的序言和导言，从事实本身开始的地方进行解释。

这部著作通行的标题“精神现象学”当然不是这部著作原初的标题；但自从这个标题在黑格尔著作以完整版形式被采纳之后，的确对这部著作产生了明显的字面上的影响，这项工作是由黑格尔的朋友们在1832年之后，即他去世之后承担的。《精神现象学》构成全部著作的第Ⅱ卷并于1832年出版，出版者约翰内斯·舒尔茨（Johannes Schulze）在前言中说，黑格尔本人在他突然去世之前就在酝酿著作的重新出版，他本着什么样的意图以及采取什么样的形式，可以到那里去查阅。[①]

《精神现象学》首次出版于1807年，更准确的标题是：“科学的体系，第一部分，精神现象学”，所以其大标题或主标题是“科学的体系”，这部著作被归入或列入这个体系。因此，著作的内容只能从它的这种内在任务出发才能得到把握，而这任务——表面上理解——就在于，为了这个体系且成为这个体系的第一部分。

① 我们根据1832年以后全集中出现的卷标和页码来引用黑格尔的哲学著作。在尤比劳姆再版中，这些标志印在内页边括号里。

第一节　现象学体系和哲学全书体系

科学的体系在何种程度上要求《精神现象学》作为第一部分？这个副标题意味着什么？在我们回答这些问题之前必须提醒，尽管著作的这个副标题后来变成唯一的标题，但并不是完整的。著作最初的完整标题更确切的原貌是“科学的体系，第一部分，意识经验的科学”，这个副标题——“意识经验的科学”——此后又以这样的形式来表达，即“精神现象学的科学”，在这个标题的基础上，才形成了被简化并变得流行的“精神现象学”。

在说明这个标题的时候，我们显然必须遵循最完整的文本措辞，它以两种形式出现，这两种形式以不同的方式表述着同一回事情。我们首先可以从这些表达中推断出：科学体系的第一部分本身就是科学，也就是说，它构成“科学的**第一**部分”。[1] 如果我们将之与第二部分相对照的话，这第一部分的特有内容一定与我们更亲近，当然，如果除去这第一部分，就根本不会出现科学体系的第二部分。

然而，黑格尔在1807年出版《精神现象学》之后，便很快着手发表另一部新的著作，即我们所熟知的《逻辑学》，其第一卷于1812/1813年出版，第二卷于1816年出版。当然，《逻辑学》并没有**作为**科学体系的第二部分出版。这部逻辑学事实上还是期待中的体系的第二部分吗？是，也不是。就《逻辑学》的完整标题同样提到与科学体系的关系而言，可以说是。其实际的标题原文是“逻辑的科学”——对于我们来说，甚至在当时，这都是不合习惯的或令人感到奇怪的。而如果我们考虑**第一**部分完整的副标题“精神现象学的**科学**”，这个标题就不奇怪了。**科学的**体系因此就是：1. 精神现象学的科学，以及 2. 逻辑的科学。这就

① 《现象学》序言，Ⅱ，第28页。

是说，作为科学**的**体系，其情况是：1. 这个体系**作为**现象学，以及 2. **作为**逻辑学。所以，体系必然以两种形态出现，两部分就其相互支撑或作为其支撑关系，就其现实的整体而言，构成体系的整体。

此外，除了《现象学》与《逻辑学》实际的内在关系，《精神现象学》的很多段落中都明确指示着《逻辑学》，[①]我们不仅发现《现象学》指示着《逻辑学》，而且后者反过来也同样回指着《现象学》。[②] 但最重要的是，黑格尔在《逻辑学》1812 年第 1 版第一卷序言中明确写道："[《逻辑学》与《精神现象学》]外在的关系，是这样的[！]，继包含现象学的**科学的体系**第一部分之后，第二部分随之确定，它应该包含逻辑学和哲学的两种实在科学，即自然哲学和精神哲学，于是科学的体系就完备了。"[③]

这就说明，在 1807 年出版《现象学》时，体系之整体原初预计有两个部分，但第二部分不单单包含逻辑学，逻辑学还与哲学的实在科学同属一体。而这个本应构成体系第二部分的整体，无非就是变了形的传统形而上学观念，其系统化的内容同样彻底规定了康德的难题：一般形而上学——存在论；下属形而上学——思辨心理学、思辨宇宙论、思辨神学。

上述本应作为后续的第二部分，本身包括了传统形而上学的整体，当然是以变化了的形式出现，这是迎合了黑格尔的原则性立场的结果。这种变化简而言之可以描画为：形而上学的整体有两部分——Ⅰ. 逻辑学；Ⅱ. 实在的哲学。但后者在黑格尔那里只有两部分：自然哲学（宇宙论）和精神哲学（心理学）。对于传统哲学来说至关重要的第三部分，在黑格尔那里——在**实在的**哲学中缺失了，但不是在他的形而上学整体中缺失，而是说，我们要在与**存在论**的原始统一中发现思辨神学。思辨神学与存在论的这种统一，是黑格尔逻辑学独特的观念。

---

① Ⅱ，第 29、37、227 页。

② 比如，Ⅲ，第 33 页以下，第 35、41、61 页。

③ Ⅲ，第 8 页。

思辨神学并不等同于宗教哲学，同样不是信仰学说意义上的神学，而是 ens realissimum(最实在的事物)的存在论，即最高的现实本身的存在论，对于黑格尔来说，这种现实共属性地包含着一般存在者之存在的问题。这样的原因，我们将在解释的进行过程中看到。

但如果计划中的体系之第二部分表述的本应是形而上学的话，那么第一部分，即《精神现象学》无非就是形而上学的根据，也就是形而上学的奠基——不是在“知识理论”的意义上(黑格尔和康德一样不熟悉这种玩意)，也不是在空洞的方法性反思的意义上，反思必须如何做这件事情，反思人们应该**何时**开始进行工作，而是作为准备地基的奠基，也就是说，作为“立足点之真理的证明”，[①]形而上学占据这个立足点。

那么，《逻辑的科学》为什么没有明确以科学体系之第二部分的名义出版呢？黑格尔说：“但逻辑本身不得不进行的必要扩充，促使我将这个部分单独问世；在扩展了的计划中，它构成《精神现象学》的第一个后续部分，此后，我将接着探讨前面提到的两门哲学的实在科学。”[②]

然而——我们要问——这难道就是删去主标题“科学的体系”的理由吗？完全或根本不是。恰恰是**当**体系有扩展计划**的时候**，才越发需要标明个别扩充部分对于体系的归属性。如果将整体按照其字面上的形式这样来安排的话：“科学的体系——第 1 部分：精神现象学的科学。第 2 部分，第 1 续编：逻辑的科学；第 2 续编：实在哲学的科学。”[见，1802/1803 年冬季学期耶拿讲座：Logica et metaphysica secundum librum munduinis instantibus proditurum(zur Messe)](逻辑学和形而上学，第二部分，为即临的弥撒日而发表)那么，就既不违背原初计划，也不违背扩展计划。

为什么在 1812 年“体系”的标题就已经被去掉了呢？因为黑格尔

① Ⅲ，第 61 页。
② Ⅲ，第 8 页以下。

在1807—1812年期间就已经在酝酿改变计划了。体系之理念开始改变的标志是，《逻辑学》不仅删除了主标题，而且这部著作现在本身就独立成章；不是由于它过分详尽的扩展，而是由于在摇摆不定的体系计划中，《现象学》的功能和地位业已发生了变化。由于它不再是第一部分，所以《逻辑学》也就不再是第二部分了。《逻辑学》独立成章，因为它必须不受约束，以便在另外一个不同的、正在趋于成熟的体系计划中承担另外一种不同的角色。

如果我们回想一下1807年《现象学》出版和1812年《逻辑学》第一卷或1816年第二卷出版之间黑格尔的《哲学概论》——尽管只是粗略地，我们就会有所洞察。

当1807年《精神现象学》出版的时候，黑格尔已经不在耶拿了，他是1801年辞掉法兰克福家庭教师的职务到那里的，想在谢林那里谋得大学执教资格。尽管黑格尔1805年就成了编外教授，但只有一点可怜的薪金，用不着1806年普鲁士人遭难，就足以致使他到其他地方或以其他方式谋求生计了，1805年他就已经徒劳地在海德堡谋求过大学教职。黑格尔在巴伐利亚找到了一个落脚点，当时很多人——其中就有谢林本人——都流亡到那里，确切地说，是在班贝克的一家报社当编辑。1808年，他得以从这个职位上调换到更适合的纽伦堡高级中学校长，一直任职到1816年，在那一年《逻辑学》第二卷出版，同时海德堡大学的聘书也到了。黑格尔于1816年10月28日在海德堡做了就职演说，这个演说由于其结尾部分而特别著名，代表了黑格尔独特的基本立场(见，XIII，3)，原文如下："我们老一辈人是在时代的动荡中成长起来的，我们应该称赞诸君之幸运，你们的青春适逢这样的时代，你们可以随心所欲地献身于真理和科学。我把我的生命献给了科学，我很高兴现在得到这样一个位置，让我可以与大家一道，使更高的科学兴趣在更高的标准上，在更广的范围内传播并活跃起来，我首先可以致力于引导大家走进这个领域。我希望我能够受到或赢得诸君的信赖，但我首先

要求诸君的，无非只是信赖科学和信赖自己。追求真理的勇气和对精神之力量的信仰是哲学的第一条件。人，因为他是精神，本身就可以或应该当之无愧地被尊为最高贵的东西，他还没有充分料到其精神之伟大和力量。凭借这种信仰，没有什么东西会冷漠或顽固地不对他展开。那最初隐藏封闭着的宇宙本质，根本无力抵抗认知的勇气；它必然在他面前展现出来，向人展示其丰富和深邃，并供他来享用。"①

1817 年底，黑格尔重新接受了本来在 1806 年就已经第一次给他提供过的柏林大学费希特的教席。促使他最终接受聘请的原因当然不是前途问题——为了作为哲学教授继续已经开展了的工作——而是相反。黑格尔在给巴登州政府内阁的退职申请中写道，"由于年事渐高导致在大学里讲授哲学的困难，他希望能换一个其他的工作（今天我们可以说：'文化政治'工作）或被委以它用"②。这就可以说明，黑格尔在海德堡期间就已经解决并完成了其全部哲学建构；体系已经确立起来了。1818 年 10 月 22 日，黑格尔在柏林开始了他的讲座，当然，一直到 13 年之后，即 1831 年他去世时，仍然是哲学教授。

除了《法哲学》（1821 年）和少量评论之外，黑格尔在柏林期间再没有发表对于其哲学来说意义重大的著作。他的讲座活动就是在修订或完善其体系，即哲学全书，黑格尔 1817 年在海德堡时就已经明确了这个体系决定性的和最终的内容。（从规模上看，柏林讲座构成全部著作的主要部分。）但哲学全书在 1807 到 1816 年间就已经在酝酿中了，在他担任编辑和中学教师期间，在那段岁月里，他创作了其真正的哲学著作：《逻辑学》。

我曾说过，我们通过黑格尔的《哲学概论》可以洞察其在此期间的工作，这部著作是他当中学教师时在高级班所做的报告。黑格尔本人没

① XIII，第 5 页以下。

② Haym，《黑格尔及其时代》，第 356 页。

有发表这个概论；他的一个学生，**卡尔·罗森克朗茨**(Karl Rosenkranz)在黑格尔死后七年，即1838年路过柏林时，在他的遗物中发现了这部手稿，并于1840年将其作为全集第XVIII卷出版。

高级中学的哲学课程分为三个学程：1. 初级班学程，法、责任和宗教学说；2. 中级班学程，精神现象学和逻辑学；3. 高级班学程，概念论(Begriffslehre)和哲学全书。关键是要注意到，在这里我们看到逻辑学在双重位置上出现。在第2学程中它接续着现象学——所以符合体系原初的计划，现象学在这个体系中或为了体系而产生。但在第3学程中，逻辑学成了哲学全书的基础，它先于一切，接续着它的是自然科学和精神科学。

之后，黑格尔继续完善这部现在由逻辑学构成其第一奠基部分的全书，并于1817年在海德堡出版，其标题是："哲学科学百科全书纲要"。这是体系新的和最终的形式，包括三个部分：A. 逻辑的科学；B. 自然哲学；C. 精神哲学。按照我们前面所言，这就是形而上学之整体。

那么现象学呢？它变成了体系之第三部分，即精神哲学中的一个章节中的一个段落。这第三部分再次分为三部分：1. 主观精神；2. 客观精神；3. 绝对精神。第一部分(主观精神)的第二阶段是现象学，在改变了的哲学体系中，它的基本地位和功能都丧失了。

在黑格尔去世前的最后几年，大约1830年，他一定在酝酿重新出版和《现象学》一样早已脱销的《逻辑学》。他在《逻辑学》第二版——其序言是他1831年编校的，黑格尔在针对前面提到的第一版序言中的那个段落，在那里，他谈论作为体系第一部分的精神现象学与逻辑学的外在关系——的注释中写道："在第二版(将在临近的复活节出版)中将不再附加这个标题(即《精神现象学》的原初主标题：'科学的体系')。接下来提到的第二部分的计划，本应包含所有其他哲学科学，我此后就出

版了《哲学科学百科全书》，去年出了第三版。”[①]

黑格尔的这个注释需要说明。哲学全书代替了从现象学出发所筹划的体系之第二部分，这意味着什么？这还不符合或表现不出体系之新形式的真正实际情况。确切的情况是，哲学全书抵偿了原计划体系的第二部分，这部分本应接续作为第一部分的现象学。但哲学全书不再**作为**旧体系之**第二部分**发挥作用，也不作为新体系的一个部分，毋宁说，它本身就是新体系的**整体**。这个体系既不把现象学特别地当作独立的部分，更不当作奠基的部分，而只是当作第三部分一个章节中的段落。以后，我们把两部分的，从现象学出发确定的，但并没有完全从它那里得以发挥的体系简称为**现象学一体系**，以区别于形成哲学全书的体系，我们所称的**哲学全书一体系**。在两个体系中，逻辑学具有不同的地位和功能，我们可以用下面这个图形来描画我们所说的意思：

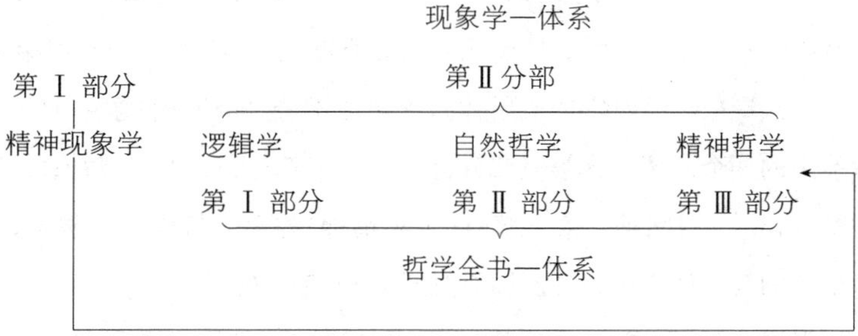

逻辑学地位的改变无异于体系理念的改变，但这种改变决不是站不住脚的立足点的转变，就像职业的哲学作家或专家们惯于在其哲学史中所记载的那种改变，而是体系的改变，这种改变恰恰是迫于现象学体系之开展，而《精神现象学》本身也因此贬值了，就是说，它成了多余的。

我们并不把两个体系区分为第一体系和第二体系，因为还有一个

① Ⅲ，注释 8。

人们称之为耶拿体系的体系，比现象学一体系还早。当然就以下这一点而言，这只是个集合名词而已，即我们通过不同的标志必然会猜测，黑格尔独特的体系理念首先或恰恰是在耶拿时期得以形成的，据此才有了各种各样的筹划。纵然迄今为止原始材料稀少，但也有一些可以表明，黑格尔先于耶拿时期——在法兰克福就已经在心中构思哲学整体，也就是体系了，更确切地说，这与系统而深入地研究希腊文化有内在的关系，他本人在那个时期（特别是因为与荷尔德林的友谊，他是当时黑格尔最亲近的邻居）——就已非常熟悉希腊文化。深入研究希腊文化，即在哲学上深入研究柏拉图和亚里士多德，对耶拿体系产生了如此根本和持久的影响，以至于没有人可以相信——哪怕只是做过类似的尝试——这事可以在一个学期之内就完成，即使人们充分估计到黑格尔的才智和精力也不可能。这种研究一定是在法兰克福就已经开始了并且在本质上明朗起来，因此，人们不应该无根据地谈论法兰克福体系，尤其是无端认定，一切迹象表明，我们必须这样来评判黑格尔的哲学生活，说他从法兰克福到耶拿，只是为了成为编外讲师或步入学院生涯；他**知道**，当他从法兰克福来的时候，他作为哲学家在耶拿想要干什么；他知道，就像 31 年后人们所了解的那样，哲学对一个人寄予什么厚望，那个人就是黑格尔。

这样，我们就大致了解了体系计划或者说体系的顺序：法兰克福体系——耶拿体系——现象学体系——哲学全书体系。黑格尔最后的或真正的体系，即哲学全书一体系，比起与现象学一体系的关系，的确表现出与早期体系计划更强的亲和性。现象学一体系孤立地处于全部黑格尔哲学之中，但毕竟还是服从其内在的形式。因为《精神现象学》——为了温习前面已经说明过的内容——仍然还是某种工作或道路，它不止一次，毋宁说，在任何时候，都在一种明确和必然的意义上，为哲学全书一体系奠定基础；更确切地说，为它开辟空间、维度和扩展领域。现象学被取消了作为哲学全书体系之奠基部分的资格，这件事

并不是体系的缺陷，毋宁说，现象学被忽略——因为只有这样体系才能开始——标志着体系的开始，从逻辑学的开始，它是唯一合适的开端。因为绝对知识的体系，如果它正确领会自身的话，就必须绝对地开始。由于现象学不像逻辑学那么绝对地开始，所以就被排除于体系的开始或开端之外，但另一方面，由于恰恰是现象学开辟了可能的绝对开始的领域，所以被排除于哲学全书体系之外，恰恰表明了它不可避免地要从属于这个体系。但这种从属性绝不仅限于现象学被缩减成全书体系第三部分的一个章节的一个段落，即使这是由体系反过来所要求的。因此，精神现象学在哲学全书体系中具有双重的地位：它以某种方式是**为**体系奠基的部分，而本身又仅仅是体系**之内**的从属性组成部分。

精神现象学的这种双重地位的形成，绝不是因为黑格尔没有弄清楚现象学及其功能，毋宁说是屈从于体系的结果。因此，我们以后将联系着对著作的解释来追问：

1. 精神现象学的双重地位如何被系统地奠定？

2. 黑格尔站在他的立场上究竟能够在多大程度上完成这种奠基？

3. 精神现象学的双重地位暴露出哲学什么样的原则性问题？

我们不可能回避这些问题。然而，只有当我们首先明确把握了精神现象学的**首要**特性，并进入到本质性的维度之中时，这些问题才能够被提出并得到回答。

第二节　黑格尔对科学体系的理解

a) 哲学作为“科学”

现象学的首要特性只能从其内在的任务中推断出来，这部著作作为整体服务于黑格尔哲学，而且开始时或特别地肩负有促成其实现的任务。然而，这个为了哲学之整体的内在任务，却是通过著作的完整标题——科学的体系，第一部分，意识经验的科学（精神现象学的科学）——表露给我们的。对于这个只可能是临时的标题的解释，可以使我们对著作的任务有一个最初的或大致的理解，并由此看到著作中所发生事件的来龙去脉。

所以，让我们回忆一下开始时的问题：科学的体系在何种程度上要求意识经验的科学，或者说，精神现象学的科学作为其第一部分？

“科学的体系”意味着什么呢？我们要注意：主标题并不是“诸科学的体系”，所以与排列或依次划分现成的诸科学，比如自然、历史等科学毫无关系，体系之意完全或根本不在于此。它关系到的是**科学**（*die* Wissenschaft）①及**其**体系，**科学**不能再被理解为一般或普遍意义上的科学研究，比如在那种意义上我们说：野蛮威胁着**科学**的发展。与其体系相关的**科学**，是最高的或真正的学问之整体，这种学问就是哲学。科学在这里是与费希特的“知识学”（Wissenshaftslehre）②概念在同样意义上理解的，这种学说与诸科学无关——它既不是“逻辑学”，也不是

① 至此之后，原文中将多次出现“科学”（*die* Wissenschaft）一词，其冠词“*die*”被斜体突出，意在强调黑格尔意义上作为整体的科学，中文翻译无法体现，只好在出现这种情况的地方将字体**加粗**以示区别。——译者

② 如果“Wissenschaft”按通常翻译为“科学”的话，那么，费希特的“Wissenshaftslehre”的字面意思就成了“科学学”“科学原理”等，而且翻译为“科学”，总使得现代人将其想象为近代自然科学。——译者

“科学理论”——而是关系到**科学**，即作为绝对知识的哲学之自我展现。

但为什么哲学被称为“**科学**”呢？我们倾向于——因为习惯——这样来解释：哲学为现存的或可能的科学谋求根据，也就是说，谋求其领域之界定和可能性——比如自然或历史——或为其创立方法。作为**一切**科学的基础，哲学必然更加是科学，因为它不可能次于那些本来发源于它的东西：诸科学。如果人们算上那些哲学承担其奠基任务的领域，不仅包括以科学的理论形式出现的知识，而且包括所有其他知识的形式——技术实践的或道德实践的知识——那么，我们就越发明确，为所有这一切奠基的东西当然要被称为“科学”。

对于哲学的这种看法自从笛卡尔开始就活跃起来，并或多或少明确而充分地得到发展。这种看法左右了后续的世纪，并试图回溯到古代哲学中寻求辩护，因为古代就把哲学看作一门知识，看作最高的知识。这种把哲学作为科学的想法，在19世纪就取得了统治地位，如今则愈演愈烈。更确切地说，这种想法不是出自哲学活动内在的丰沛与原始的动力，而是——正如新康德主义那样——由于对哲学之独特使命的不知所措，哲学看来要接受这种迷惘，因为诸科学已经占领了现实事物的所有领域。所以哲学只剩下了一项任务，就是成为这些科学的科学。由于似乎在康德和笛卡尔那里，甚至在柏拉图那里就可以得到其证据，人们就越发深信这样的任务了。

然而，对哲学之本质的这种理解——“以最彻底的科学性精神”[①]——只有在胡塞尔那里才获得了一种积极、独立而根本的形态：通过对哲学的这种理解“我要恢复哲学最原初的概念，自从最初由柏拉图确定了其表述以来，我们欧洲的哲学和科学就都以之为基础，并给它赋予了一种永恒的使命”[②]。

---

① 哲学和现象学研究年鉴Ⅺ，后记《一种纯粹现象学和现象学哲学的观念》，第549页。

② 同上。

然而，从哲学和科学之间的这种关系，从这样被理解为科学的哲学出发，我们还无法理解，为什么对于德国观念论而言，哲学就是**科学**。由此出发，我们还无法理解古代对哲学之本质的规定。对于费希特和谢林，或一般对于德国观念论而言，近代哲学的传统无疑还是活生生的，因此，对于他们，特别是对于黑格尔，之所以哲学仍然要成为**科学**，并不是因为哲学或一切知识都应该通过它来做最后的辩护，而是因为——来自比论证知识更加强烈的动力——我们应该**以获取无限知识的方式去克服有限的知识**。那项首先提到的为科学奠基的任务，或者说，知识或认识最严格的科学性观念的实现，即使没有德国观念论哲学本身所特有的问题，即哲学如何自我展现为绝对知识这样的特殊难题，它同样是可能的。如果为诸科学——或多或少明白自己想要做的事情——奠基的任务，同样被迫沿着绝对知识的方向进行的话，那么就等于自断其路并丧失了其本来的基本特性。因为那样一来，它就由于要为诸科学奠基而不再是绝对知识了，毋宁说，它只可能在尝试将自身论证为绝对知识的意义上，为诸科学奠定这种基础。然而，这就成了与为科学奠基毫无关系的事情。为此具体要求些什么，为此从一开始就必然发生什么样的决断，这些我们将通过对黑格尔精神现象学的解释来逐步认识和理解。

我们一开始无论如何都会遇到一些混乱，这些混乱在当今尤其容易产生，当人们试图将哲学确立为第一或真正的科学的时候，就会拉来黑格尔作证明。当黑格尔在现象学前言中写道："真理存在于其中的真实形态，只可能是真理的科学的体系。我给自己提出的目标就是，使哲学接近科学的形式——能够抛掉其**爱智慧**的名声并成为**现实的知识**。"[①]当黑格尔写下这样的或类似的话的时候，"科学"这个词具有一种完全不同的基调，科学的概念具有一种完全不同的意义。更确切地

① Ⅱ，第 6 页。

说，科学概念的这种含义发源于一种完全明确并实际上最终发展了的萌芽，西方哲学主导问题的实质内容在古代就业已滋生了**那种**萌芽。与这种最内在的意图——**将古代或西方哲学的主导问题发展到尽善尽美**——相比，为科学奠基的倾向，以及由此定位的哲学作为严格科学的发展，只具有次要的或从属的意义。

西方哲学的这个主导问题就是要追问："存在者是什么？"这个问题的萌芽与 λόγος（逻各斯）、νοῦς（奴斯）、ratio（推理、计算、规则）、思维、理性、知识有着内在的事实关联。但这绝不仅仅或首先意味着"存在者是什么"这样的问题，通过某种思维**程序**就会得到解决，或在某种知识中就会被理论性地了解；毋宁说，这个命题，与 λόγος 具有内在关联的有关存在者的问题，表达出关于这个问题的**事实内容**的某种信息——即存在者作为存在者，也就是说，着眼于其存在——要**通过** λόγος 或**作为** λόγος 而得到把握。这就是说，与存在者，与 ὄν，以及与 λόγος 之间关系的苗头，已经通过哲学的主导问题，体现出了某种决定性的，或者说绝非偶然的**答案**。

黑格尔彻底践行了这种在古代哲学的开端就必然准备要做的回答，也就是说，使古代哲学所确立的任务得以实现——现实地**贯彻**这种回答——将其完成。（对此，**存在者本身**，以其真实而完整的现实性出现的现实的东西，就是理念，就是**那**概念。而概念是时间的掌管者，也就是说，**纯粹概念根除时间**。[①] 换句话说：对于**存在**问题的真正理解，首先或只有在**时间被消除的地方才能实现**。）这件在黑格尔哲学中发生的事情，通过这样的命题表达出来，即哲学就是**科学**，就是绝对知识。

如果我现在断言，哲学**不**是绝对知识，那么这就意味着——从哲学问题的事实内容出发来理解——其主导问题不可能再停留在古代提问的阶段，所以也就无法建立在黑格尔难题的基础之上。当然，由此同时

---

① Ⅱ，第 604 页。

就包含着这样的意思:如果哲学以最严格的科学性理念为引线,被首先理解为为知识或科学奠基的话,那么,它就更不可能重新回到其基本问题之上了。

当我以**哲学不是科学**这样的命题提出哲学的任务——这只是消极地规定任务,而其积极性则通过我的《存在与时间》那本书的标题就可以显而易见——这并不是说,应该把哲学交付给幻想或随便某种世界观式的个人感受及其声明(如今打着"生存哲学"[Existenzphilosophie]的幌子),对于这些东西而言,一切概念性的东西和所有的事实难题全都沦落为纯粹的技巧或模式。我绝不是要宣扬某种"生存哲学",毋宁说,事情关系到西方哲学最内在的问题,关于存在的问题——它不仅仅是作为**手段**,而是作为**内容**与 λόγος (逻各斯)相关——就是说,重新提出**存在论**问题。哲学是不是科学或一般科学,不是由随便某种知识理想所决定的,而只能由事实内容及其首要的或最终的问题,**关于存在的问题**之内在必然性所决定。如果哲学不是或不应该继续算作**科学**的话,那么,并不就是要把它交付给任意专断,而只是使其对于那任何时候都会交给它的任务来说变得**自由**,哲学想要由此而进行工作并成为现实:它变得自由,成为它所是的东西——哲学。

哲学既不应该与科学的东西,也不应该与非科学的东西结盟,而只应该与事实本身结盟,从巴门尼德到黑格尔,事实本身始终如一。那么克尔凯郭尔和尼采的情况又是怎样的呢?我们不能毫不犹豫地就说,他们不是哲学家,同样也不能草率地断言:他们应该是哲学家并属于本来的哲学的历史。或许,两种说法都有理,我们还不足以严肃地对待这种情况,某种已经成为现实的,事实上**不是**哲学的东西,为此我们还没有任何概念,所以,为了理解他们及其影响,更重要的是对此进行探索,这比反掌之间利用他们来对抗哲学要好得多。没有真正的哲学,将来的时代和我们的时代仍将继续,这种可能性一定存在。这种匮乏对于那些时代来说,根本不是什么坏事。

如今的哲学喧闹,在其与哲学传统真正的关联方面——就其精神真正的当下展现而言——是迷惘而空洞的,事先提一下如今的这些喧闹只是为了说明,我们如果想要把握有关黑格尔精神现象学难题的某种东西的话,就必须把它们推到一边,尽管这些东西在行进道路的每一阶段或步骤上都会频繁地出现在我们面前。

b) 绝对的和相对的知识;哲学作为科学的体系

通过迄今为止的论述,我们至少从消极的方面明确了,精神现象学的主标题——"科学的体系"——意味着什么。从积极的方面讲,它意味着:绝对知识的体系。而"绝对知识"意味着什么呢?我们只有或恰恰要通过对精神现象学的解释方可得知。然而,我们同样已经可以——甚至必须——以某种预先理解的方式说明"绝对知识"这个术语。

"绝对"——首先表达的是"不是相对"。那么就知识来说,"相对"意味着什么呢?相对的知识显然首先是一种知识,知道这样**或**那样一些东西,而同时**不**知道其他一些东西,它是相对的,因为与某些东西相关而与另一些**不**相关。如果一种知识仅仅是相对的,对于它来说——如果它不知道这一点——就一定还有其他一些它**不知道**自己不知道的知识。相对知识是那种**不是**知道**全部**可知之物的知识。然而,相对知识的这个概念还只是一个量的概念:不是全部;与此相应的绝对知识概念也只是一个量的概念:**一切知识**。可是对于黑格尔来说,作为知识之特性的相对和绝对的概念并不是量的概念,而要从质的方面去理解。一种按照其规模而知道一切的知识,可能在量上是绝对的,但按照其知识**特性**(quale,qualitas?)[质]却仍然是相对的。在何种程度上这么说呢?此外,"相对"作为知识的**方式**(Wie)、种类或方法特性意味着什么?任何知识按照其最本己的方式难道不都是相对的吗?也就是说,本身就有某种关联,与所知道的东西相关吗?知识本身不就是关

于……的知识吗？当黑格尔宣称一种在质的方面并**不**相对的绝对知识的时候，他所否定或必然要否定的恰恰就是这种看法。当然，如果我们仅仅理解到知识**本身**与……相关，那么我们就还没有把握黑格尔的知识之**相对性**的概念。黑格尔真正或不断地用质的特性的绝对或相对知识所意指的东西，我将尝试通过这个名称的词语含义——当然是暂时的——来进行说明。

Relativa ist eine scientia als scientia *relata*（一门科学是相对的，因为它是**相关联**的科学），就是说，不仅仅因为它**与某某相关**，而且作为一门知识，其知的行为，relatum（有所关联）——被带向——其所知的东西，或者说，它被带过去了，**在知的活动中停留在所知那里**，它恰恰就是通过**使自己固守**于所知，而知道认知着所知的活动，它在知的活动中**融于**所知的东西，献身于所知并这样——在知的活动中——自行迷失在所知中。即使那样一种知识知道**一切**可知的东西，在量的方面没有什么缺陷，因而是绝对的，但按照知识的特性，在质的方面却还是相对的。比如，当我们思考一切现成存在者或由现成存在着的神所创造的现成存在者时，这样所知道的存在者的这种全体就仍然只是相对的。黑格尔把这种相对知识——固执于或沉迷于其所知的知识——叫作"意识"。

然而——这样一来我们就要问——究竟有没有可能存在一种质的、不同的知识？这个问题只有当它事实上成为决定性的——通过知识之性质（Qualität）而成为决定性的，也就是说，我们必须追问：相对知识本身在性质上可以变成其他的某种知识吗？——才能够揭示出来。在质的方面不同于相对知识的知识，即不同于那种被带向所知并与之牵连的知识，应该是那样一种知识，它不保持牵连，而是挣脱开，从其所知的东西那里脱—离，并作为脱离开来的——绝对的——尽管仍然是——某种知识。从所知的东西那里自行脱离，绝不是离弃所知的东

西,不是“抛弃”,而是“保存着的扬弃”,[1]是在**知的活动中**的自行脱离;这意味着:所知的东西仍然是被知道的,但由此,它们现在就因为其被知而**发生了改变**。

显然,那样一种挣脱要以相对知识之**束缚**为前提,而且作为**在知之活动中的自行挣脱**,首先恰恰一定是相对知识意义上的某种知识。我们之所以能够捕捉到上述那种相对知识本身解脱的可能性,是因为我们甚至还可以再次知道这种相对知识,即关于最宽泛意义上的现成事物的意识。融于诸物的意识,以某种方式从诸物那里挣脱出来,一旦对自己有所知——**作为**意识(Bewußtsein)——那么它本身就在知的活动中变成了我们相应称之为**自我意识**(Selbstbewußtsein)[2]的东西。在相对知识的本性中,存在着一种脱离的可能性,而现在的问题是——这是黑格尔在与其时代的哲学,以及与康德哲学的争辩中的一个关键问题——在这种知识中,这种脱离是否真的发生了,或者说,这种知识是否也还是**意识**,尽管它是**自我意识**。

这种知识难道不同样是在知的活动中从意识脱离,而且知道,从它那方面看,意识是一种相对知识吗?当然,现在它不再简单地牵连于意识中所知道的东西,而是牵连于作为其所知的意识。所以,我们同样可以完全合适地把这种自行脱离意识的知识理解为自我**意识**(Selbst*bewußtsein*)。无疑,由此出发首先得出的结论只不过是,**那自我意识**,即使是脱离着的,却仍然是相对的,所以**不是那绝对知识**。知识在这种脱离中所知道的是:它本身是一种知识。它知道了自己,是一种自我意识。所以,在自我意识中存在着双重情况:首先,知识可以挣

---

① 见《哲学全书》,第Ⅲ部分,精神哲学,导言,Ⅶ2,第 21 页。

② “Selbstbewußtsein”通常翻译为“自我意识”,考虑到本书的解释对象是黑格尔,故沿用这种译法。但需注意的是,海德格尔总体上是要解构主体哲学中的“Ich”,即自我,而文中频繁出现的“Selbst”就有对抗“近代主体”的个体的含义,应翻译为“本己”,“Selbstbewußtsein”也本应随之翻译为“本己意识”。——译者

脱;其次,存在着知识的一种新形式,但只有意识才可能知道,所以,知识现在寄希望于**我**(Ich)或固守于自己本身——因此束缚于**那个本己**(Selbst)**和我**,并具有了双重的束缚和相对性:它知道作为自己的自己,以及这个区别于现存诸物的自己。所以,尽管有一种脱离发挥了作用,但自我意识仍然是相对的。

然而,作为相对的但又不是相对的,这种自我意识恰恰表明了一种脱离或解脱的可能性。更确切地说,是这样一种挣脱,不是简单地把它所从中挣脱的东西抛到一边,而是通过认知着的自行脱离——认知着它们——本身携带着、约束着它们——本身作为自行解脱者。这种对于意识的自我意识的知识,可以说是一种相对自由的,但作为相对的还不是绝对的,就是说,不是真正自由的。

那么,**纯粹的**非—相对知识的特性和形式,显然首先是那样的知识,它甚至还脱离了自我意识,不被它所束缚,而且还知道这种自我意识本身——但不是作为**自为**的现存事物,在它**旁边**还有简单的意识——而是作为对于意识的自我意识。作为**对于不受约束的自我意识和意识之统一根源或两者之相互归属性的自知**,这种知识**是纯粹不受约束的,纯粹挣脱了的,是绝对知识**——暂时被命名为:理性。凭借其绝对性或脱离性,这种不是相对的知识,恰恰本身在知的活动中约束着相对所知的东西,在知的活动中真实地占有和保存着它们。

意识、自我意识、理性——这三者黑格尔全都称之为"意识"。所以"意识"具有三方面含义:1. 知识的每一种形式;2. 与诸物相关,不把自己本身认作知识;3. 自我意识意义上的意识。

所有相对被知的东西——不仅是量的,还有质的——都是被限制的东西,而所有被限制的东西由于其多样性本身就与绝对或无限制的东西相关,所以,黑格尔在其关于《费希特和谢林的体系之差异》的论文(1801 年)中说道:"但由于这些被限制的东西与绝对的关系,因被限制的东西之众多而多种多样,所以,哲学活动必然旨在与这些多样性本身

的相关联，必然会产生建构知识之全体或科学之体系的要求，由此，多样性才得以摆脱与偶然性的那种关系；它们以这种方式在知识的客观整体关联中保有自己的位置，并成就其客观的完整性。本身并不建构体系的哲学活动，是在有限事物面前的持久逃逸——比起理性为了其变得可靠和清晰而进行的纯粹自我认识，更多是理性为自由而进行的搏斗。自由的理性与其活动是一回事，它的活动就是它自身的一种纯粹展现。”①

绝对知识是纯粹真实的知识，是**科学**。被认作那种绝对知识的科学“认识绝对”。② 科学作为绝对知识，按照其最内在的本质，**本身**就是体系。体系绝不是随意的框架，不是事后才添加到绝对知识上的秩序，而是说，只有当绝对知识在体系之中发展或展现为体系的时候，它才得以被把握，才会知道它自己。所以，我们决不可以将精神现象学的主标题“科学的体系”改写成“哲学的体系”，毋宁说，**哲学**本身所意味的无非就是**体系中的科学：科学的体系**（作为绝对知识）。（由此自然就清楚了，鉴于黑格尔的这种哲学概念，说他是在这个词流行的意义上谋划一种“科学的哲学”，是多么的没有意义。）

---

① Ⅰ，第199页。

② 《现象学》，导言，Ⅱ，第61页。

第三节　标明体系第一部分特征的两个标题的意义

科学的体系要求意识经验的科学或精神现象学的科学作为其第一部分,这意味着什么呢?

首先,我们决不能无视这样的事实:第一部分就是科学。现在这不可能是说,随便一种科学的,摆在另一种旁边的学科,而是说,科学就是绝对知识,而且这种知识本身就是体系。科学体系的第一部分作为科学本身就是体系,是体系最初的展现。

体系的这种最初展现必然是怎样的呢?为标画科学体系之第一部分特征的两个标题向我们给出了答案。这两个标题措辞不同,说出了不同的东西却又指涉着同一回事情。我们首先试图对每一个标题分别进行说明,以便接下来规定同一的或统一的东西,并由此出发把握**科学**的第一部分所特有的东西。[①] 但由此也就已经形成了对现象学一体系之第二部分特性的前瞻,而按照前面所言,这也就是说:对最终的哲学全书一体系之第一奠基部分的前瞻。

a)“意识经验的科学”

标画科学体系之第一部分的第一个标题原文是:“意识经验的科学。”组成这个标题的那些词——如果我们外在地理解它们的话——尤其是如果我们熟悉哲学术语的话,都是我们所熟悉的词。然而这种熟悉对我们毫无帮助;相反,它们会误导我们。而如果我们不从一开始并且在所有接下来的进程中牢牢记住,“科学”在这里意味着“绝对知识”的话,那么我们就已经毫无希望地误入歧途了。只有记住这一点,我们才会明白,“经验”意味着什么,“意识”,“意识的经验”以及最后“意识经

① 序言,Ⅱ,第28页。

验的科学”意味着什么。

当然，任何真正的标题，就是说，不是由于某种困境，或者本着引人注目或诸如此类的意图所形成的标题，只有通过对冠以标题的著作的完全占有，才能被人们所理解。这种占有对于理解著作导言来说确实非常必要；可是现在，如果我们在解释标题的时候，首先涉及现象学的导言，[①]同样再涉及长篇的序言，[②]那么我们这样做，也只能获得对标题有限的和暂时的理解。但首要的是，我们必须放弃对上述部分做某种封闭的解释。

“意识经验的科学”——在我们暂时澄清了黑格尔意义上“科学”和“意识”的概念的情况下，我们来追问：“经验”意味着什么？

我们熟悉一些术语，比如出自康德《纯粹理性批判》中的术语的表达。“批判”问题的表述之一就是追问经验之可能性问题。经验在这里意味着现成存在者(自然)的理论知识之整体，在这种意义上，自然科学如今甚至都被叫作经验科学，鉴于其本质，这种经验就是哲学知识的对象或课题。因此，人们可以将《纯粹理性批判》理解为经验的科学或“经验的理论”，作为一种理论，它在经验之上——超出经验之所是的东西——确立起来。

但是，当黑格尔把精神现象学标画为意识经验的科学的时候，那么：1. 经验不是在康德的意义上理解的；2. 现象学作为**科学**根本不是**关于**经验，即**超出**经验**之上**的知识，当我们以黑格尔的方式理解这个词的时候，同样不是或恰恰不是这样的知识。经验**对于**黑格尔来说意味着什么呢？黑格尔的经验概念与康德的概念及其问题多多少少有些**关联**吗？如果连一点关系都没有，黑格尔**从哪儿**获得了后来显然完全是他所特有的经验概念呢？

---

① Ⅱ，第59—72页。
② Ⅱ，第3—58页。

那么一般说来，首先从哲学术语使用来说，“经验”一词究竟意味着什么呢？应该认真考虑这个问题，以便看到，黑格尔并不是任意地或无缘无故地将这个词用到如此核心的位置上。

我们说，例如：我经验到，这样或那样的事情发生了——闪电击中了房屋。我**经验**到——绝不只是道听途说，而是从一个知道那事的人那里听到，本人**在那里**，或者通过在那里的人知道那事；我听到，感受到。或者当一个人被派去打听某事——一个病人的病情——回来答复说：“啥事儿没有”（Es war beim besten Willen nichts *zu erfahren*），[①]那么这意味着：去打听、**去确认，情况如何**？“经验”在这里或在类似情况下意味着：感受或确认某物处于什么情况，发生着或发生了什么。“体验”（In Erfahrung bringen）[②]意味着：以某种方式追踪**事实本身**或就地核查，证明人们所说的或所指的事情。“体验”：使一个看法在事实本身上得到证实。于是，经验就是通过亲身经历或亲眼所见而被证实了的知识。这种知识造就一个人，如果他被其所引导的话，就成为一个**有经验**的人。由于他是有经验的人，他可能是一个**久经考验**的人，比如一个可靠的医生。某人“有经验”，也就是说，他可以熟知或预见人们必须如何“行事”（verfahren），以便每次都“顺利”（gut fährt）或事情不会被“搞糟”（verfahren）。[③]

对于我们来说，不可能列举所有关于经验概念的含义区分和层次，澄清它们的细微差别，特别是它们之间的相互关系。其实我们只应该看到，黑格尔沿着什么样的思路使用这个词，这就是说：他不倾向于目前提到的含义，我们把这些含义归结为第一类。据此，经验意味着某种意见或知识，在宽泛意义上的事物或事实上的直接证实，退回到某物的

---

① 字面意思：无论如何也没有**经验**到什么。——译者

② 字面意思：“带入经验中”。——译者

③ verfahren“行事”、gut fährt“顺利”、verfahren“搞糟”，都与 erfahren“经验”中的 fahren“进行”“发动”相关。——译者

直观作为证明。第二类经验含义不只或不首先意指亲眼所见或亲身查看的因素——以便证实某种意见或被所证实的意见所引导——而是在形成经验意义上的经验活动，经验事实本身在其中得到证实，而应该证实的是，事实情况怎样，与之相关还有没有什么情况，或者说，它如何与其他情况相吻合；在这里，经验活动就是对处于关系中的事实本身的检验，事实本身归属于或适合于这种关系。“去体会他吧——必须去体验！——在……上去体验”，“以便使经验更丰富”——这些说法总是对我们传达着两层意思：首先是回荡着某种程度的失望和惊讶，事情与预料中的不同，而同时也包含着要追加学习新的，或现在更加或真正被证实了的东西的意思。

我们简单地区分有关“经验”的两种类型或概念：

1. 形成某种经验——直观地**在**事实本身**上**证实或证明了的意见；

2. 形成某种经验——事实本身，如它实际情况那样，**自行**证实，也就是说，使得到证实。

我们在经验的第一层含义的意义上谈论经验的科学，谈论“**经验科学**”。根据人们对显示着的直观的概念或宽或窄的不同理解，经验的概念随之发生改变。如果人们并不把显示着的直观限制在感性的东西上——就此，人们认为首先要通过感官来传达——而是说，人们将直观简单地理解为某种意见在所指事实本身上的证实方式，那么，就会产生**本质直观**的概念。比如，在一个句子中主词和谓词的结构关系之规定，既不能用眼睛看到，也根本无法用耳朵听到；我们同样不应该对此任意地胡思乱想，而是要揭示出在给定的活生生的句子本身中包含着的语句关系，看出其所是，**看出**其**出自关系本身**的本质，使之“显明”。在这种首要意义上的本质本身所给予的直观就是**现象学直观**。由于那样的直观在事实本身上，通过其所处的状况来证明，所以，这种直观活动同样可以称为经验。在这种原则上被扩展了的意义上，**舍勒**(Scheler)在他 20 年前最初的巨著中就使用了“现象学经验”这样的表达，最近，胡

塞尔显然在词句使用中也采纳了这种宽泛的经验概念,[①]按照他长期推崇并经常表达的理解,据说现象学就表现为被正确领会了的纯粹经验主义和实证主义。

黑格尔在其《现象学》第一部分中**的经验概念**——意识经验的科学——恰恰不倾向于前面提到的当今现象学的经验概念,其基调并没有定在**通过直观来证实这样的意义特征**上。由此也同时表明——其实从一开始这种提醒就是多余的——"经验的科学"肯定完全或根本不是指如今意义上的"经验科学",比如生物学或历史学。黑格尔用"经验的科学"不是想要强调,这种科学应该在经验中——不管是感性的还是非感性的直观中——被证明或证实。所以,由此出发或一般性地把当今的现象学和黑格尔的现象学扯到一起,似乎在黑格尔这里就是在进行某种关于意识—经验活动的分析,就像尼古拉·哈特曼(Nicolai Hartmann)想要做的那样,这样做完全是不恰当的。

黑格尔的经验概念更倾向于"经验"这个词的第二类含义——更确切地说,在消极或积极的意义上,即:**形成对某物的经验,以至于这个某物得到证实**或经验,就是说,它不是最初看起来的那样,而事实上变成了其他东西。但这个它所不是的东西,不是被抛到了一边,毋宁说,这个看起来如此的东西恰恰从属于形成经验之所在,并一道从属于那种使经验得以丰富的东西。当然,形成经验的这种方式在黑格尔那里与随便某种什么事件、用具和人没有关系,那么与什么有关呢?还是标题所表明的:意识经验的科学,所以,经验在意识中形成,这意识是经验活动的客体。只是,标题所言及的"**意识的**经验",按照流俗含义更多地被理解为 genetivus obiectivus(宾语属格),那样的解释很成问题。意识的经验并不首先是说,经验对于意识或在意识旁形成,而是说,意识本

① 见《形式的和先验的逻辑》,1929 年。

身就是造成经验的东西，它——意识——“在经验本身中被把握”。[①]意识在什么上面形成其经验，它“必须”借什么形成经验？在它本身上，通过它本身。那么意识还是经验的客体，先前的解释还是正确的吗？完全不对。毋宁说，只是由于意识是经验的主体，而这意识在完全确定的意义上作为绝对知识，唯因其是经验的客体，才可能通过它形成经验而不是相反。假如意识作为主体形成经验——在黑格尔意义上理解的意识和经验——它可能形成的，无非就是作为它自己本身的经验。与此相反，如果人们把意识首先理解为客体，那么，意识就极有可能以不同的方式被经验或描述：**对于**意识的现象学的经验，这就与黑格尔所意指的“意识的经验”毫无关系了。

因此，意识的经验是“意识关于自身所造成的那种经验”[②]。意识通过自身形成了什么样的经验呢？我们已经捕捉到了一些基本特点。意识首先是相对知识，更确切地说，非常地相对，以至于它对**其自己**，对它此时此地之所是一无所知。它只知道它的**对象**，更确切地说，只知道它自身中的这种对象，从不知道**那样一种**相对而立的对象，即对于有关它的知识来说相对而立的对象。一旦知识知道了它的那样一种对象，已经知道了这种情况，即对象的自在是**为**意识的存在——为-意识-存在(Für-das-Bewußtsein-Sein)，被意识的存在——这种为……而存在就是**知识**。假如意识自己知道了这种情况，即它作为关于……的知识，让对象相对而立的话，对象就失去了其自在的特性并变成了某种其他的东西，变成了**为意识的东西**，成了知识；而这种知识本身作为被意识到的知识，就此变得与以前不同，因为意识简单地融入这种关于对象的知识中。现在出现了知识的另一种形式，先前被意识到的东西，对象的自在，变成了其他的东西。

---

① Ⅱ，72页。
② 同上。

如果意识本身这样,即自身作为关于对象的知识,并由此同样在这个对象上**形成其经验**的话,那么,意识必然会经验到,它本身变成了其他的东西。它**证实**了其真正之所是,即已经通过直接的,而不是其他所知道的关于对象的知识,证实了其真正之所是。在这个证实过程中,意识首先失去了其最初的真理——它首先或最初由自己所保持的东西。只是,在这种证实过程中,它不仅仅有所失,而且也真的形成了某种经验,它的经验变得更加丰富了,获得了某种真理,确切地说,关于自己的真理。"**新的真实的对象**"①对于意识产生了,假如它——意识及其知识——仅仅就是这种经验的对象,那么这就意味着:意识关于**知识**的知识,关于这种知识之所是的知识变得更加丰富了。知识通过这种经验越来越探知自己,于是越来越实现它自己,获得其最本己的本质。

这样,按照前两节中分析的经验概念,意识通过自身所制造的经验形成了两方面:消极的一面和积极的一面:在意识通过自身形成的经验中,意识变成其他的东西;但这种自行转化为他物恰恰就是实现自己本身。"而经验恰好就被称为这种运动,在其中直接的东西,无经验的东西,即抽象的东西(相对的东西),无论是感性的存在还是仅仅被思维的简单东西,都自行异化,然后通过这种异化返回到自己,而以此方才表现出其现实性和真理,也才成为意识的财产。"②经验被称为一种"运动",黑格尔在导言中明确说,**意识**造成这种经验,这种"运动……对它自己……发生作用"③。经验就是意识的经验,只有当意识是经验之**主体**的时候,经验才是可能的。

在意识通过**自身**形成的经验中,意识必然通过自身形成它的**经验**;它作为这种**必然**通过自身形成那样的经验的意识而经验自身,也就是说,经验其特有的本质的必然性,它必然通过自身形成这种经验——由

① Ⅱ,第70页。
② Ⅱ,第28页。
③ Ⅱ,第70页。

于它本身作为知识本质上不是相对的，而是绝对的——之所以有相对知识，正因为它是绝对的。绝对知识，知道自己纯然作为知识本身，并以这种自身性知道自己作为**真实**的知识，这种绝对知识就是**精神**，因为精神就是以自行转化为他物的方式，在自我实现的过程中在自己旁边存在(Beisichselbstsein)。精神就是这种“**绝对的不安**”[1]，而正确理解了的**绝对的**不安，其实不再会有什么“发生”，绝对的不安后来被称作“绝对的否定性”，“无限的肯定”。[2]

在意识的经验中以这种方式超越自己本身而露面、**显现**的东西，就是精神。在所描述的作为意识之特有运动的经验中——在自我实现的自行转化为他物的过程中——精神**达于现象**，出现了**精神现象学**。

因此，我们通过对著作的**第一个**副标题“意识经验的科学”的解释，不知不觉地进入了对**第二个**副标题“精神现象学的科学”的解释，两个标题之间的内在关系由此已经变得明朗起来。

b)“精神现象学的科学”

对于理解第二个副标题并由此理解全部著作来说，关键的事情是要重新正确规定“精神的现象学”(Phänomenologie des Geistes)这个表述中的第二格定冠词(即“的”[des])，这个定冠词不是 genetivus obiectivus(宾语属格)。对于它的含义，人们如今——通过当今的现象学概念——特别容易被误导，好像所讨论的是关于精神的一种现象学研究，比如区别于某种自然的或经济的现象学。黑格尔使用“现象学”这个术语**仅仅**表达精神的或意识的现象学，更确切地说，之所以不是表示关于精神的现象学，是因为精神或意识本就是现象学独一无二的主题——**胡塞尔**以那种方式所谈论的“先验的意识现象学”，是通过意识

---

① Ⅱ，第 127 页。

② Ⅶ，第 20 页。

纯粹的自我建构,并由此在关于对象的意识之整体性建构活动中考察意识,是一种需数十年或上百年之久才能够形成工作计划的研究。在**黑格尔**的精神现象学概念中,精神不是某种现象学的**客体**,“现象学”根本不是**关于**某种东西——比如精神的研究或科学的名称——而是说,现象学绝不仅仅是其他种类中的一种,而是精神本身**存在**的**那种**方式或形式。精神现象学意味着精神的真正或完全的出场,在谁面前出场呢?在它自己面前!现象性的存在(Phänomensein)、显现[①](Erscheinen)意味着出场,更确切地说,这样出场,即某种与以前不同的东西显示出来,正在出场的东西**面对**以前的东西出场,以前的东西由此降格为**假象**(Schein)。

作为知识的这种出场着的自我显示的显现活动,在自我实现的过程中**转化为他物**的活动,就是正确理解了的黑格尔意义上——**必然通过自身形成经验**——的经验。显现就是双重意义的出场活动,即自行**显示**的出场,以及在自行显示中**对着**已经显示的,并这样作为假象而显示的东西的出场。显现就是意识在其知识中自行转化为他物。[②] 据此,黑格尔在1801年——早于《现象学》六年——在《费希特和谢林的体系之差异》中说,更确切地,在关系到规定绝对知识如何得以被确立或把握时就已经说:“显现和分裂是一回事。”[③]自行分裂就是彼此或相互对峙,自行转化为他物。

在黑格尔那里,显现(Erscheinen)和现象(Erscheinung)同样首先或唯一与已经在其经验概念中显露出来的含义相关:某种否定的东西在其与某种肯定的东西之矛盾中自行突显。**所显现的**就是这种同一的非**与**是,即**矛盾**。精神或绝对在现象的历史中显现,因此黑格尔1801

① “Erscheinen”是动名词,意思为“显现”,“显”或“现”出其“象”的活动,名词“Erscheinung”通常翻译为“现象”,即“现”出来的“象”。——译者

② 第155页页底,“现象和先验的世界”。

③ Ⅰ,第263页。

年在《费希特和谢林的体系之差异》的论文中就已经非常清楚地说："绝对之纯粹形式的现象[就是]矛盾"。[①] 在转化为他物的活动中，某物同时消逝和产生，所以，黑格尔在《精神现象学》前言中说："现象就是生成和消亡，生成和消亡本身不生成或消亡，而是自在地存在着，并构成真理的生命之现实性和运动。"[②]而真理——我们必须通过先前有关经验概念所说过的东西来补充——只能在作为绝对知识，作为精神的意识的经验中得到证实。显现，即自行公开，不是精神所发生的随意或偶然事件，而是其存在的本性。

现在表明，完整的副标题——"精神现象学的科学"——根本不是同义反复的表达，就像人们如今可能理解的那样，因为按照当今的概念，现象学就是意识的科学，而这样黑格尔的标题就成了：精神的科学的科学。这种观点是不值得讨论的。"经验**的**科学""现象学**的**科学"中的"的"都不是 genetivus obiectivus（宾语属格），而是解释性的，说的是：科学就是绝对知识，即意识本身自行发生的运动。这种运动是意识、有限知识证实自己的活动，作为精神，这种自行证实活动就是精神的出场，就是现象学。经验、现象学是绝对知识造就自身的方式，所以它本身就是**科学**，这种科学不是**关于**经验的科学，而就是**经验**，是**作为运动着的绝对知识的现象学**。

由此，现在我们就明确说明了科学的体系之第一部分的两个副标题是如何相互补充的。第一个标题说的是，**什么东西**必须在其真理中得到证实或自行呈现：意识——**它**通过这种方式造成经验；第二个标题说的是，意识被证实**为什么东西**：作为精神。证实的方式就是经验，通过自身而形成经验，这种活动就是现象学的发生。意识在科学中所形成或造就的经验——意识通过科学导致绝对知识——是这样的经验：

---

① Ⅰ，第 194 页。

② Ⅱ，第 36 页。

意识就是精神而精神就是绝对。“**绝对就是精神**；这是绝对的最高定义。——去发现这个定义，去把握其意义和内容，这，——人们可以说——就是一切教化或哲学的绝对意图，一切宗教和科学都被逼迫到这一点上；只有通过这种逼迫，世界历史才能得到把握。——”①

现在，我们已经说明了著作的完整标题：科学的体系，第一部分，意识经验的科学，或精神现象学的科学。我们现在看到，对于理解标题来说，正确的科学概念是决定性的，而我们是通过界定“意识”“相对知识”“绝对知识”的意思来获得这个概念的。绝对知识本身就是——而且只有它才是——体系，此后，我们仍然还需要澄清，“经验”“精神”和“现象学”意味着什么。通过所有这些形成的结论是，我们必须把副标题中的属格理解为主语属格，由此两个副标题之间的关系也同时明朗了。黑格尔在其著作的前言中②曾使用过一个标题，出自迄今为止所讨论的各个标题，主标题“科学的**体系**”、两个副标题“意识经验的科学”“**精神**现象学的科学”，并摘取各自的关键的部分而结合成一个新的表达形式，那就是：“**精神的经验的体系**”。这就意味着：这部著作是绝对的经验之整体，这经验是知识必然通过自身而形成的，在这种经验中，知识被公开为精神，作为绝对知识，归根到底形成经验。

① 《全书》第Ⅲ部分《精神哲学》，Ⅶ$_2$，第29页。

② Ⅱ，第30页。

第四节　《精神现象学》作为体系之第一部分的内在任务

在讲解了著作的完整标题之后，我们还是没有回答那个问题，我们本想通过标题的解释谋得其答案：科学的体系在何种程度上要求意识经验的科学或精神现象学的科学作为其第一部分？只要这个问题没有被回答，严格来说我们就还没有说明完整标题，因为我们仍然还不清楚，“第一部分”意味着什么，或者换句话说：《精神现象学》**为什么**同时居于一个主标题和一个副标题之下。

a）绝对知识的自我实现

我们已经提到过，第一部分的功能只能通过第二部分才能真正得到把握，而且，如果我们通过解释标题说明了著作的内在特点，由此必然会同时理解其作为体系之第一部分所肩负的内在使命。科学的最初展现使得绝对知识，即绝对本身，以其转化为他物的方式出场——在转化他物中实现自己，以便作为绝对知识把握其本质或本性。因此，黑格尔在导言的结尾处说：“它[意识]将以趋向其真正存在的方式达到一点，在这个点上，它将摆脱其假象，不再与异样的，只是对于它或作为他物而存在的东西纠缠在一起；或者说，在这个点上，现象同时成为本质；意识的展现恰恰就在这个点上与真正的精神科学同时发生；而最后，当意识把握了它自己的这种本质的时候，它就将标明绝对知识本身的本性。”[①]黑格尔的宏大乐章，语言风格和打上哲学印记的精神合一了，所以：显现着的精神之展现过程本身，以其运动的方式达到这一点，即转变或成为现实的绝对知识。在运动中或通过其运动，展现过程**本身成**

---

① Ⅱ，第72页。

了展现者！展现过程与被展现的东西同时发生，这绝非偶然，这种同时发生是必然的：它应该达到这样的程度，即绝对知识作为**那种**它所是的知识而**存在**，也就是说，绝对地知道自己的知识（绝对的自知绝不是漂浮不定的理论行为，而是绝对精神之**现实**的形式，本身**同时是知识和意志**）。

绝对知识由此获得了什么呢？它由此在自己旁边，即以其**要素**的形式存在，它本身通过这种方式作为绝对知识绝对地展开，以便绝对地知道，它作为那种绝对知识所必须知道的东西。但是，这种展开了的知识是在体系的第二部分，即在绝对知识的第二阶段展现中被展现出来的，因此，最初的展现就具有内在任务，去准备好绝对知识本身在其中呼吸的要素或"乙太"。"它[精神]在其[现象学]中准备好的是知识的要素。"[①]意识就这样首先处在其最本己的要素中。"知道自己这样展开为精神的精神，就是**科学**，科学是精神的现实，是精神用其自己的要素所建造的王国。"[②]所以，体系的第一部分具有这样的内在任务，即知识实现自身为绝对知识，在知的过程中将自己带进自己的王国（要素、乙太）之中，在其中，知识本应作为第二部分现实地展开其统治。

在第一部分中，精神之自我实现是沿着它特有的运动可能性（经验、现象学）之特性所要求的道路进行的。通过或以这种运动特性，精神王国的**领域**得以展开，但这领域绝不是必须要被填满的外在的范围、部分或区域之界定，毋宁说，领域及其内部构造是绝对精神本身的现实，精神建造它自己，并且在建造活动中建造那些沿着其道路达于现象的东西。所以，显现活动绝不是从意识的形态消失，而是作为绝对精神之绝对历史的运动，精神在其中传承自身并扬弃流传下来的东西。**扬弃**具有三方面含义，在黑格尔那里经常带有这些词的含义：tollere（取

① Ⅱ，第 29 页。
② Ⅱ，第 20 页。

消)，即去除或消除最初单纯的假象；conservare(保存)，即以经验的形式保存和接纳；elevare(提高)，即提升到知的活动本身及其所知的更高阶段。

科学要求作为体系，也就是说，它同样绝对地知道自己作为绝对知识，以便在这种绝对知识中去拥有它的王国及其现实。所有一切都旨在绝对知识，都旨在这绝对被绝对地知道。只有从这种作为**科学**的绝对知识出发，也就是说，从黑格尔的精神概念出发，"精神现象学"的特性和必然性才能够得到理解。

由此出发，我们现在可以顺便或更多地从反面列举三种主要的错误意见，如今这些意见从不同方面在理解《精神现象学》时大行其道。生硬地争辩是不会有结果的，更何况这种争辩最好是通过尝试一种彻底的解释来进行。

b) 对《现象学》意图的误解

《现象学》与当今意义上的意识现象学，即胡塞尔的现象学——无论在主题上还是在处理方式上，尤其是在基本问题的提出和意图上——毫无关系；如果这种意识现象学不仅为一切想得到的科学之普遍科学性提供根据和证明，而且先验意识现象学还应肩负按照意识的方式考察和论证普遍意义上的人类文化结构之使命的话，那么，《现象学》就更与之毫无干系。清楚的区分必然在于真正理解两者的旨趣；特别是在一切都冒称"现象学"的今天，更需要如此。当然，根据胡塞尔的最新出版物——在其中表达了他对迄今为止同道们的强烈不满——我们将能够更好地指称**那种**由胡塞尔本人所创立并传播的现象学。仍然要承认，我们每个人都从他那里学到了东西并还将有所收益。

假如在精神现象学中，即在意识转化为他物及其自我实现活动中，出现了意识的"形态"，正如黑格尔所云，意识形态的这种登场与如今流行起来的出于各种动机的处理方式，与所谓的世界观的**类型**，与按照随

便某种图式整编在一起的哲学观点的类型毫无关系。如果不是同时掺杂了可疑的信念的话，这些类型学和形态学倒也是无害的消遣，通过将某种哲学编排进类型网，所涉及的哲学之可能的或当然相对的真理似乎就能得到确定。当哲学活动之无力迅速蔓延，也就是说，当诡辩术本身取得了统治地位的时候，这些分类等冲动就一定会乘虚而入。然而，这样的做法以及它们的贫乏却由此而形成一种威望，即他们首先将所有哲学上的冒进都收容到观点网络之中，以便随后把所配备的类型标签留给大众。这些标签所关心的是，对于所遇到的哲学，人们只对其标签，即对这个不同于另一个的标签感兴趣。接下来，通过对标签文献性的商讨形成某些文献，其种类常常可能会相当可观。于是，康德文献不仅比康德本人还重要，而且足以使没有人再可能回到事实本身。这种程序属于诡辩术隐蔽的伎俩，在任何时代都必然与哲学一道产生并统治着哲学领域。今天，诡辩术的力量“组织化了”；诸多迹象之一就是关于哲学观点的类型学——类型学最五花八门的乔装打扮（指南或系列丛书）——深受人们喜爱。哲学变成了企业家的事务——一种卑劣的状况，本来就贫乏的科学创造力，如今在其鼎盛时期就已经被这种状况给扼杀了。但我们为什么恰恰要在这里提起这种看起来古怪的事情呢，原因是：类型学的胡闹波及了黑格尔的《精神现象学》，一些人认为或谎称，在黑格尔那里就想要做同样的事情，只不过他还没能借助当今精神分析学和社会学的手段。

与上述两种误解同行的还有第三种误解：人们把《精神现象学》理解为这种意义上的哲学方面的导论，那就是，它本来要给出一种引导，以便从所谓自然的感性的意识过渡到真正思辨的、哲学的知识。

总而言之，我们说：黑格尔的《精神现象学》既不是当今意义上的现象学，也不是哲学观点的类型学，更不是某种哲学的导论，它**不是**所有这些东西。那么，它究竟**是**什么呢？就我们现在已经可以描述的而言，它是**西方哲学的引导性和基本问题所要求的**，是由德国观念论——绝

非任意地——沿着一个明确的方向所迫使的**理性**(ratio—λόγος)**之绝对的自我展现**,黑格尔在**绝对精神**中发现了其本质和现实。

只是,这种对黑格尔的理解如今难道不是已经完全过时了吗?难道从各个不同的方面都显示出,在黑格尔那里不只是理性和理性主义占统治地位,毋宁说,在他那里最激进的非理性主义在起作用,而且是积极地发挥作用吗?当然如此;由于人们在黑格尔那里看到了绝对的理性主义,对于这种解释,人们有理由,当然也必定会在其中同样发现非理性主义。但这只能更加证明,把黑格尔解释为理性主义和解释为非理性主义一样,都不会有什么收获,两种解释同样是黑格尔哲学外在的观点性图章,并没有使之从基本问题出发得以展开。

c)与黑格尔争辩的条件

根据它的意图及其内在任务,现象学从一开始就**在**绝对知识的要素**中**活动,只有这样它才敢于去"准备"这些要素。

但人们能不能因此说,黑格尔在其著作的一开始,就已经假定或事先认识到了那些他只有到最后才想要获得的东西呢?当然,人们**肯定**会这样说,是的——每个人,每个通常想要把握有关这部著作的某些东西的人,都一定会再三地这样讲。人们试图缓解这种"实际状况"——正如我们曾想要提出的那样——这就更加证明他们对这部著作知之甚少。人们**肯定**会再三说:**黑格尔从一开始就已经假定了他在最后所获得的东西**,但人们不能以此作为反对这部著作的说辞,人们之所以不能采取这种反驳,不是因为它没有说中黑格尔,而是因为这种反驳在哲学上根本文不对题。因为这属于哲学的本质,哲学总是从其基本问题出发,为了解决这基本问题而进行或着手工作,这样做恰恰就已经事先认识到它随后要说的东西了。只是,这绝非骗取证据,也不只是表面行事,因为它根本不涉及通常意义上遵循形式的逻辑证明规则去证明某种东西,那根本不是哲学本身的事情。

由此，我们将再次站在诡辩术所无法企及的东西，即真理旁边，真理根本不可能也不应该被证明为诡辩术。为此就要求，使诡辩术与哲学为伍，即放弃诡辩术本身，那些证明由此就自动地变成多余的。

可是，与哲学为伍意味着什么呢？那就是说，人们通过哲学切中其最本质的东西，以便在那自行显示着的使命面前弄清楚**我们自己本身**，弄清楚我们本身是否还拥有或可能拥有根本性的使命，如果是，是什么样的使命。这种自行参与到本质性的东西中，是真正的争辩之核心，没有这样的参与和争辩，任何解释都只是盲目的瞎忙活。

然而，进行真正的争辩的意愿，看起来事先还有一个要求，这要求既不能靠机敏或勤奋，也不能通过哲学上的正确性来强求达到。对此，黑格尔曾经在已经多次提到的论文《费希特和谢林的体系之差异》中说："居住在哲学中的活生生的精神，为了揭示自身，要求通过某种同族的精神而创生。它漫游于历史的态度，这种态度来自随便一些关于意见的知识之兴趣，作为一些陌生的现象而流逝，并没有揭示出它的内在核心。精神可以毫不关心它必须服务于收藏多余的木乃伊，或一般性地堆积偶然事件这类事情；因为它本身将脱离对知识的猎奇性收集之掌控。"①

如果我们想要与黑格尔进行争辩，那么，我们就被提出一个要求，要变成与他"同族的"。即使我们首先只能**忙于此事**，即在我们中为某种争辩做些适当的准备，即便如此或正因为如此，我们必须**首先听从这个要求：成为同族的**。同族的——不是相同的或同样的，同族关系——这里并不是所谓观点的相同，不是从属于一个学派，同样不是论点或观念上的一致，也根本不是对于同一个所谓某种"研究"成果或进展的相互吹捧的平均主义。同族的——意味着**受**哲学问题最初和最终**事实上的**必然性的**约束**。

黑格尔哲学的"活生生的精神"，到目前为止一直向我们隐藏着，我

① Ⅰ，第168页。

们难道不应该在黑格尔本人试图证明哲学观点之真理的地方，在作为精神现象学的科学的意识经验的科学中，在科学体系的第一次展现，即哲学中寻找它吗？

如果我们这样说，那么听起来好像**我们**是那种现在就想带来福音，或想要为一切时代提供人性之真理的人。听起来是这样，但却有某种完全不同的意思。我们想要的只能是这一点：学着领会，我们所有人如今首先必须朝某个地方进发，在那里，此在**给予**我们以**自由**，在我们自身中再次唤醒为哲学所做的准备，即自由，自由是为黑格尔和他以前的其他人，更确切地说，**和**他**同道**的其他人的哲学工作所做的全面准备。对此，我们必须学着领会，这样的事情不会随便通过某种文献计划，或通过诉诸臆想出来的、不断膨胀的优越性发生。因为在哲学中"既没有先行者也没有后继者"，[1]这并不是说，每个哲学家都与其他哲学家毫不相干，恰恰相反，这表明每一个真正的哲学家都与其他任何一个哲学家是**同代的**，更确切地说，恰恰是因为他最内在地是他的时代的代言人。

如果因此应该激起并培养为哲学所做的酝酿和准备，那么这就是说：做出努力，不要去轻视早已起着作用的真正的哲学。而最严重的蔑视在于，人们随便引用较早的哲学家的名言和歪曲了的思想，并把剩下的转让给做哲学史的历史学家。因为这与作为遗留下来的往事的哲学的历史毫不相关，而是关系到**那种**现实，我们今天的人早已从中**被驱除出去了**，关系到我们——由于盲目和自负而被打击的人——在自己小小的阴谋诡计上被荒废掉了。**我们没有注意到，大量的事情在发生，很少的东西起作用**。

---

① Ⅰ，第169页。

预先考察

第五节 《现象学》的前提，其始于绝对的绝对开端

《现象学》想要被我们把握，这就意味着，它作为科学现实地存在在我们之中——这句话要从**科学**的意义上来理解，科学就是作为**绝对知识**的体系本身。这种知识应该实现**自身**，因此，这部著作的最后就形成了那一小段(DD.)章节，标题为："绝对知识"[①]。如果绝对知识只有到最后才能完全成为它自己，成为认知着的知识，如果就其**达到**自身但也只是达到自身而言，如果就知识转化成他物而言，它通过**变成**认知着的知识而**是**那种知识的话，那么，在实现其自身的进程开始的时候，它就一定**还没有**在它自己近旁，它必然还是其他的东西，更确切地说，甚至是还没有**变成**其他东西的东西。绝对知识在意识通过自身形成的经验开始时，必然是其他的东西，那种经验当然无非就是运动，就是历史，绝对知识在其中**以自行转化为他物的方式实现其自身**。

绝对知识一开始必然是其他的东西，除非到达其历史的终点。当然，这种他性并不表明，知识在开始时**根本还不是**绝对知识，相反——恰恰在一开始它就已经**是**绝对知识了，但还没有达到自身，还没有**转化为**其他的东西，而仅仅**是**他物。他物：它，绝对，是其他的东西，就是说，**不绝对的，相对的东西**。不一绝对的东西**是**还不绝对的，但这种"还一不"是**绝对的**"还一不"，就是说，不一绝对的东西之所以是绝对的，绝不是不顾，毋宁说，恰恰是因为它是**不**一绝对的：基于这个"不"，绝对可以是相对的，这个"不"属于绝对本身，并不与绝对**相异**，即并不是僵死或空洞地与绝对**比肩而立**。"不一绝对"一词中的这个"不"，绝不是表达某种现成的、置于绝对**旁边**的东西，毋宁说，"不"意味着绝对的某种形式。

---

① Ⅱ，第594—612页。

现在,如果在其现象学中的知识应该通过**自身**形成经验,从中经验到那其所**不**是,而同时又恰恰**与之共存**的东西的话,那么情况只能如此,即形成(进行)经验的知识,本身无论如何就已经是绝对知识了。

这对于可能清晰而确切地理解这部著作来说至关重要。消极地说:如果我们不是从一开始就已经以绝对知识的方式认知的话,我们一开始就一无所知。我们从一开始就必须不仅仅是部分地,而是全然地放弃普通知性的立场以及一切所谓自然的态度,这恰恰是为了得以去领会相对知识如何自行退场,并同时作为绝对知识真正地达到它本身。我们必然——这已经包含在刚刚所说过的意思中——已经比那些当时所表述的**内容**及表述的**方式**先行了一步,确切地说,先行的那一步恰恰应该是通过表述所表述的东西而迈出的。但这种先行对黑格尔来说是可能的,因为它是遵循着绝对知识的方向的一种先行,从一开始就已经是真正认识着的和进行着现象学的了。

a) 精神之自我实现的阶段

绝对知识是,也已经是——尽管还被包裹着——相对的了。最相对的相对知识就是意识,它还没有作为精神而展开,是缺乏精神的知识。因此,作为绝对知识的自我实现的《精神现象学》就由此开始,即知识首先被认作**意识**,并对其由此所知道的东西形成认识。与之相应,第一章的标题是“A. 意识”①。

现在,如果知识**本身**得以被认作意识,对自己**有所认识**,并穿越各个不同阶段,通过自身而形成经验,那么它就是**自我意识**。因此第二章就叫作“B. 自我意识”②。

只是,自我意识本身就是在意识的关系领域内,在自我(本己)与对

---

① Ⅱ,第 73—130 页。

② Ⅱ,第 131—173 页。

象的自相关整体之内被获得的，这只是一个方面——最初的一个方面。如果自我意识通过它自己而形成经验，那么这就不仅仅是一个方面，而且**在这**方面或**对于这**方面，**另一**方面恰恰**也**展开了**其**所是，就形成知识而言，这种知识知道自己不仅是作为自我意识的，而且是意识的知识，即两者之统一的本质根据。自我意识由此就失去了其片面性而成为**理性**，因此，第三章就是“C. 理性”。[①]

“理性就是意识的确定性成为一切实在性。”[②]在这种“一切”中，确切地说，在某种质的意义上已经预示着，绝对知识在理性中无论如何已经达到了其自身。尽管如此，到这一章著作并没有结束，现象学还没有达到目的，因为构成绝对知识之本质的精神，本身**还没有**显现。尽管我们随着C章节达到了终点，由于绝对已经达到了其**自身**——但它仍然是不明确的，且还没有处于其真理之中。这种既是又不是(终点)的双重性，表现为第三章C被标划为“C.(AA.)理性”，所以，这个章节就又被划分了：在作为理性的绝对知识在自己旁边存在的范围内，现象学又一次开始了。这最初的在自己旁边存在(Beisichselbstsein)仍然还没有真正达到自身，还没有真正通过自身而形成经验，形成绝对(理性)就是**精神**的经验，因此，接着C.(AA.)章节之后的章节就是“(BB.)精神”。[③]“当成为一切实在性的确定性上升为真理，当理性意识到它自己就是它的世界，而世界就是它自己的时候，理性就是精神。”[④]

随着(BB.)章节，绝对精神之明确的绝对历史就**开始**了；(BB.)章节是开端，精神本身由它自己形成的最切近的经验，展现在“(CC.)宗教”[⑤]中。“自己认识着自己的精神，在宗教中直接就是它自己纯粹的

① Ⅱ，第174—326页。
② Ⅱ，第175页。
③ Ⅱ，第327—508页。
④ Ⅱ，第327页。
⑤ Ⅱ，第509—593页。

自我意识”，[①]而这就是在精神的历史中重演我们曾看到过的从意识向自我意识的过渡，就是说，这个自我意识首先再次把意识作为它的他物而置于对面，因此仍然把这个意识当作独立的而放**自己旁边**。只有当精神同样把这种他物作为它的东西带给它自己，并把自己认作其真理时，它才绝对地知道自己，它才是自己把自己认作精神的精神，它作为绝对知识才是**现实的**，它才是**绝对地认识着自身的意志**，这意志本身**自为**地就是现实的力量，仅这种力量本身，就是被意愿的。由此，《精神现象学》就达到了其目的地，所以，最后的章节就是："(DD.)绝对知识"。

从C开始的三个相继的章节——精神、宗教、绝对知识——被标为小节，但同时也继续沿用页标题的标志方式，就是说：C节不是标为C(AA.)节，而是简单地就标为C节，接下来的不是标为C(BB.)节，而是标为D节，C(CC.)节标为E节，C(DD.)节标为F节。

这看上去只不过是些表面的事情，印刷方面的技术性顺序编排罢了。然而，这却与对这部著作最内在任务的规定，以及对其基本内容的理解最密切地关联在一起。黑格尔本人在这里犹豫不决——这种犹豫，绝不仅仅缘于一种临时的情况，而是属于真正的领会，如果这种领会到达了终点的话；这种犹豫，决不允许用我们短浅的理智来指摘，我们毋宁应该进一步洞见到，把它馈赠给人是多么的困难和罕见，因为**这种**犹豫就是哲学行进的方式，如果是"最终的"话。

对于精神之显现的明确而绝对的历史归属于精神现象学的方式，以及对于现象学本身之理解的这种犹豫不决，在黑格尔那里清楚地表现在，后来在哲学全书体系的第三部分对精神现象学的描述中，现象学以关于理性的章节而结束。如果人们认为，那里只是先前现象学的一个概要，那就太肤浅了。对精神的描述(从第440节开始)根本不再属于现象学了，而是属于心理学，"现象学"现在**仅仅**具有一种标题的含

① Ⅱ，第511页。

义，作为精神哲学范围内的**一个**科目，现象学只是介于人类学和心理学之间。

b）哲学作为其前提的展开；有限性问题和黑格尔的无限性难题

通过前面对这部著作结构的概览，我们当然只不过展示了空洞的标题顺序。然而，章节的划分必须时时牢记。我们从中可以再次推断：著作的终点并没有从其开端处溜走，而是返回到了那里，**终点只不过就是变成了他物并由此达到了其自身的那个起点**。而这是由于：理解和领会着的立足点从起点一直到终点，或者从终点出发，在起点时就已经是一个或同一个——这就是绝对知识的立场，是先于自身就已经看到了绝对的绝对知识的立场。与之相应，黑格尔已经用不同的字体明确表达出来了："……绝对本身……就是被寻求目标，它已经现存着了——否则如何可能被寻求呢？理性只能通过把意识从限制中解放出来的方式产生绝对；这种对限制的扬弃，以假定的无限制性为条件。"①

因此，只有当我们已经在终点的时候，我们才能够开始真正地去理解。我这里的这个讲座，以对整个著作的第一遍阅读为前提条件，如果没有这样做，或者说，如果不是在最近几周的讲座进程中阅读过一遍整个著作的话，坐在这里就根本没有任何意义；您骗的不仅是我，而且是您自己。当然，这并不是说，我们进行了第一遍阅读就可以保证在第二遍阅读时可以真正地理解，或许第一遍阅读必然要被不断地重复，这只能说明，它压根就是必不可少的。

我说"压根"，因为任何**哲学**著作都要求这种阅读方式，更确切地说，在一种**原则性**的意义上要求这种阅读方式，其根据在于，一切哲学最初和最终都只是其**前提**的展开，这样的前提——不是心理学意义上的先决条件或传记意义上的风言风语，而是**事实内容或基本问题的事**

---

① Ⅰ，第177页。

实内容。哲学的前提——不是某种先行或外在于哲学的，偶然的，并最有可能隐秘地参与进来的东西，毋宁说，它是整体本身的展开，恰恰是那**最初、持续和最终**都存在于此并期待着展现的东西。这种前提——不是假设，借它的帮助，我们实验性地进行尝试，以便同样迅速地替换其他相反的条件，毋宁说，先行一前提是已经发生着的存在者本身之整体展开的历史，我们发现自己就被置入了这种历史，前提就是**那种**现实，无论**我们**严肃地对待它还是在其中陷入荒谬，我们都可以期待它。理解到这种随着存在者的展开同时被赋予的，此在之决断的最内在迫切要求的人，对于他来说，所有一切，连同这种**迫切**都已经发生了**转变**，所有一切都**成为**必然，成为那种意义上的必然性，即我们必须在其中寻求**自由**之本质的必然。

所以一切都取决于，哲学如何从前提切入，或者这种前提是否被把握并保持在开端中，只有那种牢牢把握住事实的人，才能够在事实面前真正地犹豫不决。而那种游移不定的人，或在一切方面都沾沾自喜，声称已经无所不知的人，还有那些由于自己的贫乏，以所谓优越的形态杜撰了某种与一切观点都不同的原理的人，只会从一种意见摇摆到另一种意见，尤其不会认识到，这种意见是自己的还是别人的，只不过是道听途说的。

但在黑格尔那里，为了理解他的基本意图和以绝对知识开始或必然以绝对知识开始的课题，对于终点的理解是**绝对必不可少的**，因为它全然就是起点，而且，终点**如何**就**是**起点，反之亦然，其方式和方法——早已经确定下来了。**这种存在**的意义恰恰是通过或随着绝对知识本身得到规定的。

但这就是说：《精神现象学》**从绝对那里绝对地开始**，这种情况**应该发生**或必然现实地发生，而不是以不着边际的许诺或苛求的担保形式发生——黑格尔哲学就是被这种必然性所推动的。这绝不是私人意见，毋宁说，这同样是推动费希特和谢林的必然性，他们为了这种必然性而斗

争，义无反顾地战斗，在这种必然性中，整体要通过他们而表达出来。

《精神现象学》从绝对那里绝对地开始——这意味着什么，并不能通过一种形式的讨论得到说明。只有一点可以把握，那就是，绝对按照体系的内在展开之多样性而有不同表现。绝对之系统展现的差别性，基于绝对本身及其**如何**被把握的方式。黑格尔和与他有同样思想的人根本上所要求的，他曾在一个批判性短文中表达过，标题是："普通人类理智是如何理解哲学的"(1802)，对此黑格尔说道："一般来说，目前此刻的哲学首要兴趣之所在，即，将神再次绝对地推到哲学的顶峰，确立为一切事物的唯一根据，确立为 einzige principium essendi und cognoscendi(存在和认识的唯一始源)，那是因为，人们**比照**其他有限性而确立神久已，或者干脆最后从绝对的有限性发出，将之设定为先决条件"[①]。同样的观点，黑格尔曾在同时期发表的论文《信仰和知识》中这样说道："但哲学的首要任务，就是去认识**绝对的**虚无。"[②]

黑格尔让《精神现象学》从这个精神出发并在这精神中发生，它关系到了**无限性**的问题。但是，就像非一有限性应该转化为更根本的问题，即有限性成为问题，同样，**虚无**和**虚无的东西**，在其中非一有限的东西，既然如此，也应该转化为真理。我们所探究的**有限性难题，**无疑要在哲学最初和最终的实际必然性的义务中，通过黑格尔与我们**相遇**；按照前面所说的，这就意味着：我们通过与**他的**无限性难题的争辩，从我们对有限性的追问出发来谋求**那种**同族性，这是澄清黑格尔哲学精神所必需的。但无限性和有限性不是两块不同的大木块，可供我们相互摩擦或在空洞的咬文嚼字中消遣，毋宁说，无限性和有限性，只有就其从哲学的引导性问题和基本问题，即关于**存在的问题**中汲取意义而言，才算是**言之有物**。

---

① XVI，第 57 页以下。

② I，第 133 页。

非一有限性，有限性——这不是答案，而是在前面所说的意义上的前提条件；所以是任务，是问题。

但是——人们可能会说——这样开始的与黑格尔的争辩难道不是多余的问题吗？他确实恰恰是把有限性从哲学中驱逐出去了，更确切地说，他是在这样的意义上，即通过**确立其正当性**来**扬弃**，进而克服有限性。当然如此；只不过问题在于，**那种**有限性，是否如其在黑格尔之前的哲学中就已确定的那样，是**原始地和现实地切入**了哲学中的**有限性**，还是说，仅仅是顺带的或不可避免要携带的东西。我们必须追问，难道不正是**黑格尔的无限性**本身产生出了这种**顺带的**有限性，以便回头将之消灭殆尽。

问题是，作为基本问题之最核心事实内容中的最内在迫切需求，有限性是否规定了问题的必然性，如果不是这样，那么，与黑格尔的争辩就不是**针对**他而抵御**被他所克服**的有限性，而是与他，与他所克服的**东西**以及他的克服**方式**进行的一种争辩。

但如果有限性作为最内在的迫切需求，把哲学的基本问题逼迫到了成问题的境地的话，那么，这种有限性最终就绝不是一块招牌，在它下面提供着成问题的古董，也不是某种发型，人们按照其样式一会儿这样一会儿那样地修剪着传统。

存在本身的这种迫切需求——而不仅仅是我们的、人的迫切需求——不应该草率地用我们熟悉或流行的短浅尺度来衡量，既不是因为欠缺，也不是因为优越。存在本身的这种急迫，当它成为现实的时候，我们也将只能简单地察觉它，就如同我们说，太阳放着光，或者说，我们心情很愉快一样的简单。——还是说，只有当我们本身被**逼迫**的时候，存在的这种急迫才会显现出来？

在这种逼迫**中**，我们不再有开始或不开始的选择。但开始(Einsatz)的必然性对于哲学家来说——只要哲学现实地在发挥作用或仍发挥作用——同时就是跳一开(Aus-satz)的必然性，就是他被遗

弃的必然性，以至于这种急迫作为某种主观的观点被牵来扯去，或者在某种多愁善感中被歪曲并因此丧失其本性，也就是说，完全或根本不再被逼迫。而迫切需求之逼迫，并不意味着它会被冒充或察觉，而是在存在之急迫中指引，以便在这种迫切需求本身面前公开，并成为对于他物来说**完全非本质的**东西。

人们在进行所有的书写抄录的时候都还没有思考过，哲学如何最终拥有其特有的要求、尺度和指令，人们不可能知晓这些，正如不可能知道某次实验的安排规程或某次诉讼案件的了结一样，或者，人们认为它们应该是给定的事实或诸如此类的东西——而这就是最清楚的证据，表明了哲学行当距离哲学本身有多么的遥远。

c）关于文献，关于“存在”和“存在者”的术语以及阅读时的内心态度的简短提示

《精神现象学》从绝对那里绝对地开始，这本身就说明，通向这部著作的道路绝非偶然的艰难。它从第一句话开始，就丝毫不肯在诸如介绍或说明这类事情上降低任何水准，这种水准是哲学在其发展进程中，从巴门尼德开始直到黑格尔才达到的，通过康德和之后的费希特和谢林才越来越变得确定和清晰——在这种意义上变得清晰，即那种水准不再表现为哲学的事情之外或之旁的某种不明确的巧合，而是就属于哲学的事情本身，并形成其特有的内在范围性的划分。这个水准**现实地**存在在这里，只是对我们隐藏着。虽然人们在黑格尔死之后就宣布其哲学的垮台，并从中看到迄今为止一般哲学的崩溃，人们把它当作臆想出来的终结，并由此还追加上某种安慰，很不情愿地称之为“古典的”。但黑格尔哲学并没有被推翻，而是说，他同时代的人及其后来者，还从来没有达到过衡量他的高度，人们只不过是在策划“暴动”罢了。

不要一再抱怨这部著作的困难，或许首先应该把它所要求的付诸实践，这部著作所要求的，现在无法详细讨论了。我们必须尝试着与黑

格尔本人一道去**开始**，即便如此，我们也不能轻视明显的外部困难，以及掌握它所必要的辅助手段。在这方面，还应该指出一些在尝试进入阅读时所涉及的**文献**、**术语**和**态度**。

每个人根据自己的判断能力和内在的哲学自信，把关于黑格尔汗牛充栋的研究文献全部读完或者根本不读，请随自便。对于《精神现象学》的解释来说，只需考虑高级中学教师**威尔海姆·波普斯**(Wilhelm Purpus)的著作：《黑格尔的感性确定性的辩证法——从其与逻辑和古代辩证法的关系方面谈》(纽伦堡 1905 年中学计划)；《黑格尔的知觉辩证法》，第 I 部分(什威恩伏特 1908 年中学计划)；以及：一起作为整体发表的《关于黑格尔的意识辩证法》，柏林 1908。

这些表面上最烦琐和平庸的工作，是在人们如果以哲学的方式严肃对待黑格尔就会遭到嘲笑的时候着手进行的。计划是这样的，从黑格尔全部其余的著作和讲座中，把每一个与现象学逐段对应的章节搜集到一起，从黑格尔本人出发来解释黑格尔。当然，由于**在真正实施其计划时**恰恰涉及对"现象学"的理解，所以，这样做处处都要求在使用解释性引文时更加谨慎，这些引文大多出自后来的著作，如《逻辑学》，特别是《哲学全书》。从他自己的著作出发来解释黑格尔，在使某种封闭的难题生动起来的意义上，当然还没有达到哲学的贯通。然而，这种限制和针对引文的使用所提出的警告，并不会降低这些作品的价值，如今应该为那些有益而默默无闻的著作重新赢得好评了。与之相反，今天任何一个勉强够格的教授或编外讲师，都可以不费多大力气就写出一部"光辉的"黑格尔大全来。

关于黑格尔的术语方面有两点简短提示。前面已经说过，更确切地说，最初是在一种断言的意义上说的：黑格尔的"现象学"是由西方哲学的引导性问题和基本问题所要求的理性的自我展现，在德国唯心论中被认作绝对认识，并被黑格尔解释为精神。而古代哲学的引导性问题是，τὶ τὸ ὄν，**存在者是什么**？我们可以将这个引导性问题首先以基本

问题的先行形式转化为：**存在是什么**？我们的解释在一种前提下进行，这种前提与上述关于存在的基本问题的问题领域相关。按照“存在”一词表面上的含义特征，我们既在某物之所是的意义上使用这个词，又在这个东西**如何这般**存在的方式和方法，在其现实特性的意义上使用它。我们以这种双重含义把“存在”一词用在——根本不是自明的——每一个不是虚无的东西上，甚至当作虚无本身的要素。

与之相反，黑格尔使用的“存在者”和“存在”这些术语，只相当于我们的意义上存在者的某种确定领域，或我们的意义上存在的某种确定模式，黑格尔所指的存在者和存在，我们用“现存的东西”和“现存性”来标画。然而，黑格尔在这种被限制的，或者说完全明确被限制的意义上使用“存在者”和“存在”，决不是一种词语选择上偶然的任意，更不是生造特殊术语的特殊含义，正如哲学群氓们所想象的那样，而是对存在的**事实**问题的一种**回答**，就像在古代所展开的讨论那样。

另一方面——假如眼下允许这样对比的话——如果**我们**在尽可能宽泛的意义上使用“存在”和“存在者”，那么，并不是因为要转回到古代提问方式的可疑之处，由此就算完事，或者只是以当今的提问方式做些扩展。毋宁说原因在于，关于存在者的问题，这些问题作为问题而产生或必然产生的方式，以及必然通过黑格尔而随之得到扬弃的方式——这些问题的历史重新获得了力量，而这就意味着，必然**更加本源地**被推动。不是为了改善什么东西，不是为了——取悦某种嗜好——维持古代的荣光，也不是由于我们刚好把这作为一种可能的职业，而是出于**我们**此在本身的必然性，那种存在问题的历史由此而成为**现实**。

对于黑格尔和我们来说，由于最初和最终的原因，存在和存在有所不同。但这种差异不是两种比肩而立或漠不相关的立场，不是那种断裂了的、枯萎了的，现在只可以作为空洞的差别而讨论的差异，而是**那种**差异性，它只有在同样远离无关紧要的东西和被孤立谈论的东西时才是可能的，只有在同一的、简单的、唯一的、本质性的东西之约束中才

是可能的。

这两点提示涉及黑格尔《精神现象学》中的术语的某种共同的东西，更确切地说，这些术语还没有像后来在《逻辑学》中的使用，以及再往后在《哲学全书》中专断的表达那样固定。如果我们已经从总体上对于那种从后来的著作出发，毫无顾忌地解释《现象学》的做法提出了警告的话，那么这首先或尤其适用于对这些术语的解释。

这种在《现象学》中还比较随便的使用，并不是由于黑格尔的不确定性，而是在于事情本身的本性。

最后还要在阅读时的态度方面简短说上几句。首先消极地说：不要草率地进行批判或零敲碎打、突发奇想地反驳，而是要一同行进，要有耐心长久地同行，也就是说，一同工作。正如黑格尔所要求的那样，他在《现象学》的前言中说道："人们确信，在所有科学、艺术、技巧和手艺方面，要想掌握它们，学习和锻炼等诸多方面的努力是必需的。与此相反，如今人们看待哲学则似乎流行着一种偏见，以为每个人虽然都生有眼睛和手指，而当他拿到皮革和工具时，并不为此就能制造皮鞋——但每个人都能直接就进行哲学活动，并对哲学做出正确判断，因为他在其天生的理性里已经具有了标准——就好像他不是同样在自己脚上有鞋的标准似的。"①

只有当我们在这种真正工作着的意义上，借助耐心与这部著作同行，它才会显现出其现实性及其内在的形态。而这里所说的这些——在真正的哲学中无处不在——不是文学鉴赏的附庸，不是创作修饰或文采天赋的事情，而是事实的内在必然性。因为哲学就是人—超人的开端和归宿，就像艺术和宗教一样，也就是说，它们必然处于——恰恰是因为两者清楚的区分，但仍还有一个**共同的初始**——美的光芒中和敬畏的痛苦中。

---

① Ⅱ，第53页。

第一部分：意识

第一章 感性确定性

在自我实现的精神历史的发生过程中,运动的形式立刻就会表现出非常明显的乏味和单调,常常包括某些表达方式的不断使用。但我们恰恰不能忽视这种单调乏味,正如每个阶段都各自具有其**特有的**现实性。所以,我们的解释同样不能按照某种固定的模式,强行按照逐个阶段的顺序进行;毋宁说,每个阶段都要求一种在解释过程中揭示和领会的**特有**方式——之所以如此,是因为每个阶段不仅本身具有各自独特的内容,而且因为这些阶段穿越了绝对精神本已流传下来的历史,每一段都各不相同。

按照我们迄今为止所说过的全部内容,有一点是明朗的,即《精神现象学》的第 I 阶段——A. 意识,特别是其第一部分,即感性确定性——要求一种非常独特的讨论,然而这种讨论恰恰必须避免沉迷于其本身。这里应该检验一下,我们是否能够成功地唤起著作的**内在法则**,并使之为各阶段的深入和整体之宏大发挥作用。我们很容易——至少不是最困难的事情——把历史的和系统的问题之全部丰富内容,拖进个别的句子和概念中,并这样形成解释,那就是,由此恰恰使著作及其问题所**特有的**法则性淡出视野。

著作的第一大阶段的标题是:"A. 意识",它包含三部分:Ⅰ. 感性确定性,这一个和意指活动;Ⅱ. 知觉,物和错觉;Ⅲ. 力与知性,现象和超感世界。

第六节　感性确定性的直接对象

a）直接知识作为我们绝对认知者的必然的最初对象

黑格尔是这样开始的："那最初或直接是我们的对象的知识，无非只可能是那本身直接的知识，是**直接的**或**存在着的东西**的**知识**。我们同样**直接地**或以**接纳的**态度对待之，所以，对它如其所呈现给我们的那样不加改变，并且使其远离概念的把握。"①

黑格尔一开始就通过这一小段，简要勾画了"最初的""我们的对象"之所是——更确切地说，绝不仅只**是**出于随便什么原因，而是那**必然是**最初的我们的对象之所是（"无非只可能是……"）。这里已经连带说出了，它**如何**必然是我们的对象。我们大体上清楚，《精神现象学》一般或通常所展开的对象是什么：那就是**知识**。因此，黑格尔一开始就说："最初的……知识"，但是什么样的知识呢？这种知识从形式上理解意味着什么呢？当某物**为**某种意识而存在的时候，我们就"知道"这个东西，因此，黑格尔在导言中说道：知识就是"某物**为某种意识的存在**"之关系。② 知识而不是随便什么其他的东西是我们的对象，这无须继续讨论，毋宁说，问题和答案立刻就引向了**那种**必然"最初"是"我们的对象"的知识。

"最初"——在什么样的序列中，就什么样的顺序而言呢？只能由此出发，方可规定"最初"。而黑格尔本人已经给出了一个解释：他说"最初""或直接"。这个"或直接"并非一个无关紧要的表达，写在这里不是为了挤开前面的词语，而是对它的解释。但"直接"又意味着什么

---

① Ⅱ，第 73 页。

② Ⅱ，第 67 页。

呢？难道说的只是：直接偶然地、立刻就在我们面前所拥有的东西？这可以是各种不同的知识。一个人恰好在进行一个道德决断，另一个人在进行一场宗教辩论，这个沉醉于一件艺术作品，那个正在进行哲学思辨，这人正在数纽扣，那人正在从望远镜里看星星，又一个正在驾驶卡车，每个人都各自顺从于不同的知识。这时如何可能说，哪种知识直接是我们的对象呢？显然，根本不可能造出一个放之四海皆准的公式来。可是：难道这里的"直接"意味着每个人当他想要在自己那里察觉到某种知识的时候，都径直会想到的东西吗？当然，我们不是在追问那些凑巧为了随便什么东西而引起或提出的知识，而是关系到"那种知识"，它必然是"直接的我们的对象"。何谓"我们的"？关系到这个"我们的"——"我们的对象"，为我们的对象的"我们"是谁？"我们"——指的是这样坐在这里的我们，思考着这样那样的事情的我们，现在又在读《精神现象学》的我们，正如之前读过中古高地德语文本或医学教科书的我们，正如之后将读品达或报纸的我们？非也。毋宁说，那个"我们"，是已经事先**绝对地**知道，并以**那种**知的方式进行着理解和规定的我们。那种知的方式就是：不是相对地知道，不是单纯地或永久地依赖于某种直接被知道的东西，而是，从这个东西脱开，知道关于这个所知之物的知识，不完全沉迷于所知道的对象，而是把**它本身**，把**作为所知之物的**它，转交给作为所知之物的它所归属和源出之处——转交到关于它的知识中；所知道的东西**转交**到关于它的知识中，并因此**知道**了两者（所知和知识）之间的**中介**——这就意味着：这种中介着的知识本身再次把它所知道的东西只认作媒介，借其帮助，它知道了原初所知道的东西本身。中介之物？中介活动再次转交到媒介中，借其帮助，它知道它所知道的东西，如此，等等。

为我们的对象，我们的对象，就是为那些从一开始就知道我们身处**中介活动**的我们的对象，也就是说，通过已经描述过的**扬弃**的方式知道**这种情况**，扬弃本身就是绝对知识的发生形式，就是**那种**不安的特性，

绝对就是不安，黑格尔也称为“绝对的否定性”或“无限的肯定”。[①] 这意味着什么，《精神现象学》将给我们指明。现在我们只能点到：在这种知识中，认知着的行为绝不是简单地说是，或简单而僵硬地说不，但同样也不只是肯定的否定或否定的肯定，而是作为内在法则处于否定之否定中的行为。

按照所说过的，非—间接的东西就是**还没有**为我们**中介者**，为**我们的**中介活动所中介的东西。加入我们从一开始就根本性地或持续地身处**中介活动**之中，原则上或真正地知道所有那些作为被中介的、**间接的东西**，而我们只是获得了一个非—间接的东西，那可以说是由于我们，绝对的认知者，并没有完全严肃地对待自己，可以说只在迁就那仅仅是直接的知识。在这种迁就中，我们并没有交出我们自己以及我们的知的方式。这种直接的东西，我们中介者屈尊之处，从一开始就处于中介或扬弃活动的管辖之中，扬弃，从它那方面来说，当然只有当它迁就某个**非—**中介的东西，恰恰是为了**中介性地促成**它的时候，才可能是其所是。**非**—间接的东西其实已经是中介活动的非—**间接的**东西了。

由此我们就清楚了，一开始就说的“为我们”的“我们”是谁。“我们”——科学的认知者。“我们”——开始时随便理解的那个东西，这个或那个或随便哪一个我。

只有由此出发，我们才可能，当然也必然要提出，什么样的知识**必然**是为我们的最初的对象。我们，绝对中介者，必须——恰恰是为了成就此事，在我们的中介活动的意义上直接地行动；我们的非—中介活动开始时是这样的，即我们延缓了所有的扬弃和中介活动，绝对完全相对地对待知识，就是说，只是以接纳的态度对待之，我们还根本没有“想太多”。[②] 这种“做过多考虑”不是说：想来想去，而是指绝对不安的运动，

---

① Ⅶ2，第20页。

② Ⅱ，第74页。

这种不安在一定程度上在直接物的知识中得到片刻的休息。现在要注意，可能的最初对象之特性和必然性，如何通过**认知者**的知识得到规定。这完全或根本不是说，对直接的东西的探究很不确切，毋宁说，直接性的意义从一开始就确定了，并因此为这种知识的最初对象可能或必然之所是限定了活动空间。我们，中介者，必然要接受那种为我们的最初对象的知识，这种对象本身是如此地可知，以至于它自己主动要求立刻被简单地理解。因此，为我们的最初的对象必然——那种对象通常就是知识——"本身……"是"直接对象的知识"。

这种作为知识**之**对象的直接物，为我们，绝对认知者的对象，黑格尔称之为存在者。据此，在我们的知识中就有**两个**对象，或者说，一个出现两次的对象——更确切地说，必然或贯穿整个"现象学"不断地出现，之所以如此，是因为**为我们**的对象原则上或一直就是**知识**，按照其形式上的本性，这种知识本身就反过来拥有或携带有它的对象。黑格尔通过区分"为我们的对象"和"为他的对象"严格地表达了这种关系——为他，即为各自的知识，这种知识是为我们的对象。但如果作为我们的对象的知识，只是由于知道了某种为他的东西才是知识的话，那么，为他的对象恰恰同时属于为我们的对象。

现在，意识在"现象学"中关于自己所形成的经验恰恰是这样的，它开始知道了，为他的对象不是真实的对象，其对象的真理恰恰存在于为我们的对象之中，为我们，为已经知道了被扬弃的知识及其所知的我们——它原则上知道了这些，尽管还被包裹着。为他的对象必须通过我们成为为我们的对象，通过我们，这并不是说，我们作为任意的主体随意地忙于对象，毋宁说，通过我们，这意味着，缘于知识本身的为他的对象——对于知识来说，它向来是对象——被赋予了成其所**是**，即成为绝对知识的可能性。这样，知识本身就被揭示为那种它每次总不是，而它以这种不是的方式同时又是其真实之所是的东西。知识本身作为在绝对知识中被知道的东西，**本身就表现为**它在上面衡量或发现其真理

尺度。而当时的尺度,之后本身作为为他的真理进入到知识之中。

只是,假如知识为**科学**而显现,并通过科学得以展现,那种展现构成科学的自我实现的话,那么,通过上述情况,我们还没有完全看清楚科学是如何展开的。

b) 事实本身的自在和自为存在以及“旁观”绝对知识;“超离的”绝对知识

为我们,科学的认知者的对象,无论如何都是某种**知识**。在这种客观化了的知识中,包含着它与其所知的特有关系:为他的对象。只是,为他,为直接的知识的对象,恰恰最初或直接还不是**为他**的,而是**自在**的对象。为他,为那完全直接的知识,对象恰恰**返回**到**自身**,更确切地说:它还根本没有作为**对**一立的东西从自身走出去并**面**向它的知识,以便跟它的这种知识对**立**。完全停留**在自己那里**的就是**自在存在者**,对象“**立着**”——但没有**面对**知识。直接的知识本身恰恰具有这样的知的特点和性质,那就是,它把对象完全**交付给对象本身**,对象作为那种恰恰不需要**为**意识而存在的东西而**自在**;好像意识永远就是这样自在地**直接**获得对象。于是,我们就拥有三种所知道的知识之对象:

1. **自在的**对象,就好像为他,为意识而直接存在;
2. 自在的为一他一存在;
3. 为一他一存在者本身的为一我们一存在。

然而,作为为一我们的对象,只不过是先行获得的自在之真实的**为**一他的东西,因为为一他一存在已经是从直接沉迷于自在**解脱**出来的第一步,已经是中介着的、不再直接的知识之形式了。直接的知识回归到这种中介着的绝对知识中;它开始**回归**,不是回归到某种**陌生的东西**中,而是回归到它**自为**地之所是的东西中。只有当对象不仅仅是自在的,同时也不只是为他(意识,知道这种情况的意识)的,而是当为一他变成**自一为**的,并**同时一道理解了自在**时,也就是说,当对象成为**自**

在并自为地被知道的东西的时候,对象才被绝对地知道,

或者换另外一种说法,以便同时先行说明黑格尔的一个重要术语:自在存在和为他存在"落入""我们所考察的知识本身中"。[①] 就**我们**,绝对认知者知道知识而言,它们落入知识本身之中,相比之下,对于**抽象**知识而言,它们彼此分开并落在知识之外。黑格尔喜欢使用"落出"和"落入"这样的词,用来表达看似落出实则落入先前还包裹着的绝对知识之真理中。

关于本身自在存在的东西和为其他某物——即为某种有关知识——存在的东西之间的区别,黑格尔同样地使用"对象"或"概念""本质"这样的专门术语,更确切地说,是为了全部问题而富有特色地交替使用这些术语。本身自在存在者可以被叫作**对象**,为其他东西的存在,即为意识或知识的存在,于是就是**概念**。但也可以把为他存在称作对象,即**对**一立的东西,而与之相应,本身自在的东西就是:其**本质**或其**概念**。两种情况下,在现象学中都应该形成经验,即对象与其概念或概念与其对象是否或如何相符合。"显而易见,两者是一回事情;但重要的是,对于整个考察研究来说,必须抓住这一点,即这两个环节,**概念**和**对象**,**为他存在**和**自在存在**,都落入我们所考察的知识本身之内,因而我们不需要携带我们的尺度来,也不需要在考察时使用**我们的**各种念头和想法;丢开了这些杂念,我们就能够做到按照其**自在**的和**自为**本身之所是的样子来考察事实。"[②]

我们丢掉我们的各种念头和想法——这就是说:我们,**绝对**认知者,不要成为那种**接受**或接纳随便什么古怪或奇特念想的人,毋宁说,我们要**丢掉**这些东西。我们其实已经**具有**这些念头和想法,而要丢掉的就是这些在人的、相对的意义上的我们的东西。我们已经是绝对的

---

① Ⅱ,第68页。

② Ⅱ,第68页以下。

认知者了，否则根本就不可能开始。只有当我们，这些考察者，是绝对认知者的时候，我们才能使事实本身进入视野。

当然，这话容易引起误解。人们可能会认为，这是在要求当下拥有绝对知识之展开、发展及其绝对丰富的内涵。其实，所要求的并不是绝对的丰盈及其绝对的在场，但却要求绝对**如何存在**的**方式**和**特性**，中介活动的**绝对不安**，那些只是**绝对**的直接物，却可能以**绝对**的形式表现为**相对的**，也就是说，通过**成为**相对的东西并**在其中**获得其解脱而成为绝对的。现象学中的绝对，恰恰应该通过它指示出其作为绝对**如何成为**绝对的方式和特性而出现，而绝对**存在**的这种**如何**，就绝对而言，同时就是其**所是**，也就是说，这种所是和如何的区别——essentia（本质）和existentia（存在）的区别——其实并不适合绝对。但为了**特别地**标画绝对之**绝对存在**方面，即认知着的绝对，我们需要介绍一个术语，这个术语准确地表达出绝对知识的方式：我们说**超离的**（*absolvent*）[①]——正在解脱中的——不安的绝对知识，于是，我们可以说：绝对的本性就是无一休止的超离（Absolvenz），在其中，否定性和肯定性同样是绝对的、无休止的。

现在，我们试着再来读一遍第一大章节第一部分的那个简短的引导性段落："那最初或直接是我们的对象的知识，无非只可能是那本身直接的知识，是**直接的**或**存在着的东西**的**知识**。我们同样**直接地**或以**接纳的**态度对待之，所以，对它如其所呈现给我们的那样不加改变，并且使其远离概念的把握。"[②]

很明显，如果我们妄图按照这种形式逐句逐段地来解释整部著作的话，大概需要好几年才能完成，只是，我们之所以不采取那样的解释形式，不仅是因为我们想尽快结束任务，而且没有必要那样做。相反，

---

① absolvent 这个词主要是宗教性的含义："赦免的""免罪的"，本书试译为"超离的"，指绝对知识不断摆脱或脱离相对或有限的束缚。——译者

② Ⅱ，第 73 页。

随着科学逐步的自我实现，它自己特有的知识逐步展开和发展，它的内在光芒就会变得更加明亮和清晰。当然这并不意味着，对于这部著作的占有就将明显变得容易或自明了。完全相反！但不断增长着的难度不在于形式方面，而是因为，要去认识的东西通过其被知道的方式变得更加具体了。这意味着什么呢？那就是，越来越强烈地要求认知者专心致志，哲学家在哲学中或对哲学的投入，可以越来越少地受到阻挡或被一些虚假真理所消除。

那作为最初的对象给予超离的科学知识的东西，**必然**作为**那样的**知识被给予，即从它那方面来说，它恰恰就是最直接的知识。尽管黑格尔在A章第Ⅱ部分，讨论作为“知觉”的知识时说道：“我们的知觉的接纳活动”——作为绝对知识的对象——“因此不再是显现过程中的接纳，就像感性确定性那样，而是一种必然的活动”①。从这段注释中我们必然首先读出，最初在“现象学”中呈现出来的对象的接纳活动，**不**是必然的，另一方面，感性确定性作为直接知识也不是偶然或随意地变成最初的对象；黑格尔毋宁明确地说，“决不可能”与此“有什么不同”；因此感性确定性**必然**是**最初的**对象。

所以，对于作为对象的感性确定性的接纳活动，(按照第Ⅱ章84页的说法)是一种非必然的活动，而感性确定性(按照第Ⅱ章73页的说法)却又必然是最初的对象。感性确定性——对于绝对知识来说，就其对象性方面不是必然的却又是必然的！难道适合感性确定性的非—必然性，只是一种区别于知觉所**特有的**必然性的非—必然性吗？感性确定性不是以知觉**那样**的方式是必然的，但还是以**它自己**的方式是必然的，于是，我们拥有了一种双重的必然性，事实就是这样。但这种双重的必然性其实是一个或同一回事，是绝对知识本身所要求的，因为如果它真正是**绝对**知识的话，那么它无论如何都不可能，甚至从一开始就不

① Ⅱ，第84页。

依赖于某种不受它约束的对象之自行给予。更确切地说，甚至这里所涉及的“接纳”，这种**接纳**必然是一种绝对的**自己接受并给予**对象的活动。**知觉**，就其在运动中是超离的而言，**作为必然出场着的**，即通过感性确定性第一次扬弃的中介而形成着的知觉，发源于绝对知识。但这同一个必然性对于中介来说在于指向，就是说，它**返回**到那种**向之**所归而事先**必然要先行给予**的直接知识。显现活动中的接纳并不比从感性确定性到知觉之过渡缺少必然性，只是不同的必然性而已。**出场**的必然性和**接纳**的必然性以同样的方式发源于中介活动，这种活动**中介着**直接的东西，使某种不同的东西必然出场，但作为**直接之物**的中介者，必须同样必然地接纳某种直接的东西。

黑格尔从直接的知识开始，他必须由此开始，但这种从直接之物的开始已经不再是直接的了，它不仅仅对于黑格尔不再是这样，毋宁说，哲学本身根本不可能直接地开始，而总只是被中介的；于是，这里首先悬而未决的就是，每次的中介活动各自具有什么样的意义。

我们有意地详细展开这个与黑格尔相关的开端问题，因为否则的话，仅仅在最初的一小段中就要找到直接知识，即感性确定性的头绪就是不可能的。因为这种对直接知识的讨论，我们以纯粹“接纳着”的态度对待之——在黑格尔意义上的接纳——完全不同于对直接被**给予之物**的描述。之所以不是诸如此类的描述，不是由于黑格尔对此无能为力，或者因为他出于随便什么原因突然背弃了自己的任务，而是因为在哲学中根本就没有什么纯粹的直接描述这样的事情。但另一方面这绝不是要说，在哲学中不可能把握**事实本身**，这很有可能；但事实本身绝非那类东西，对于它们——正如在各种物件或活物那里——有一种理解，即可以**直接地**去描述它们。那种看的活动是直接的，这是因为在其中看的视域并没有被知晓，**而是简单地在此**。但如果所涉及的是哲学的事实——这里涉及精神，即绝对现实——那么就必须要求事实性的某种**原本的**方式。如果哲学中的事实本身，无法使任何人明白这些来

路不明的东西,那么这还不是对哲学的异议。虽然我们在黑格尔那里一再读到这样的话,我们——在精神现象学的发生和领会过程中——总只是在“旁观”(Zusehen),不带进任何杂念,而只是获取、接纳我们所发现的东西。事实就是如此。只是问题在于:旁观是怎样的一种情况呢?旁观并非不确定的或任意的,并非无准备的或只是由突然产生的念头所引导的盲目注视,毋宁说,旁观是**在形成经验的活动中**的看,是**这种看的活动**如何去看的方式,是用绝对知识的眼睛旁观。

每一部分或第一部分的结构直接就已经显示出,所做的事情与直接的描述多么的不相干。黑格尔是从什么地方真正开始描述感性确定性的呢?从(一直到Ⅱ,第74页以下的)两段话开始,这些话预言了全部的问题和结果。这不仅是因为要安排好后续思考的连贯顺序,而且是由于必须明确做出**这样的**安排,**我们**为了打开视线而身处于这种安排之中,以便在随后的思考中**旁观**。

c) 感性确定性之对象或知识的直接性;“纯存在”,现存性

我们跟着黑格尔称之为感性确定性的东西,看起来像是一种**认识**,这种认识是什么,我们不再进一步说明。理解是其中的一种方式,通过这种方式,某物根据随便某个方面显示其是什么和如何存在。每一种认识——感性确定性同样如此——都具有其**真理**。由此可以推出,黑格尔使用“确定性”这个术语,不是为了标画随便什么与认识之真理相并列的特性,而是说,确定性意味着知者与其所知的认知着的关系之整体,知与所知的统一,知识或认识活动最宽泛意义上所知道的或意识到的存在之形式。

此外,和开始时一样,关于感性确定性值得注意的是:黑格尔对**感性**确定性进行了一些简短的论述,但有关感觉或感官的情况,根本连一

点都没有提到。虽然他谈到过看或听，[①]但没有谈到过眼睛、视网膜或神经系统，没有论及耳朵或耳迷路——所有这些都没有，当然，我们也没有发现有关视觉或听觉，味觉或触觉的讨论(当今哲学的最低要求)。然而，黑格尔给出了一种对感性的解释，在哲学史上绝无仅有。虽然我们很容易把这段简短的讨论搞得支离破碎，并为每一部分从随便什么地方——从康德到柏拉图——从哲学史中引证某种相应的说法或类似的原文。但由此我们只能证明，只要我们仍醉心于那种精确的解释原则，我们就 1. 对黑格尔本人**不想**理解；而且 2. 也**不能**理解。黑格尔解释感性的非常之处在于，他**完全是从精神出发或在精神中来理解**感性的——问题的全部萌芽就在于此。感性是**在这精神中**或**为这精神**而显现的，只有这样，我们才可以理解黑格尔把握感性确定性之现象的方式。

感性确定性显现，更确切地说，不仅作为"**最丰富的**"，而且作为"**最真实的**"知识而显现，感性具有最多的丰盈和最高的真理，看起来就是这样。我们事先已经知道，这种感性确定性其实是最贫乏的，是最缺乏真理的知识，但它却最先显现——我们必须跟随这种现象——作为最丰富和最真实的知识。这种双重特征涉及在感性确定性中被知道的**是什么**，即内容，除此之外，还涉及这种确定性**如何**在知的活动中**拥有其**所知的方式。

按照内容，感性确定性显得最丰富，它是如此的丰富，以至于根本无法穷尽其充裕——简直像一笔无穷无尽的财富。(就此悬而未决的是，这些财富**如何**归属于感性确定性，或**是否**真的属于**它**本身。)这种丰盈"被展开了"，它的展开维度是**空间和时间**。我看见——每个人都看到了——这个讲台，这个长凳，这扇窗户，这块黑板，等等，穿过全部大学的建筑物，外面是大街，一间间的房子，穿过整个城市，就是郊区，我

---

① Ⅱ，第 77 页。

看见这棵树，这些草茎，这样没完没了地继续，远眺现存事物之广辽。与此同时，我看见这个讲台，这个被笔记本遮住的部分，这个角，再距这个角仅一指之遥，一个一指宽的部分，这样继续直到最小的部分——这样，我们复又在展开的一切空间维度中——“进入”到越来越狭小的地带。时间的情况与此相应。

在任何时间和任何地点，感性确定性都能出于广袤并继续扩展，入于狭小并继续收缩。它始终不固守于任何广阔或狭小的地方，而是有继续扩展和收缩的可能性；但尽管如此，它所盯着的，始终是它面前所拥有的**这个这里**和**这个现在**。

“这个这里”所处的空间本身同样是这个空间，“这个现在”所鸣响的时间本身还是这个时间。感性确定性所知道的东西，它的**内容**就是这些。

感性确定性的知的**方式**是怎样的呢？是单纯地**在自己面前拥有**。什么意义上的在自己面前拥有？我们根本没有一下子就置身于全部或宽或狭之丰盈面前并觉晓到**这种丰盈**，毋宁说情况只是，每个这一个在我们面前存在着，我们通过这种方式**照面这一个而别无其他**；**这一个而且仅仅是这一个**，就停留在这里，就像**所有的**这一个那样，这一个，**我只需去照面**，以便直接去拥有在我面前的其全部“完满性”。我**只要面对它**，根本无需对之有所作为，同样也不会在那里**丢掉**什么东西。我完完全全如其所然地，如其所摆在我眼前的那样，如明明白白地照面手头现存的东西那样接受这一个；那东西，这一个，就是这一个，这意味着：**它**是或刚好就**是它**，别无其他。

因此，感性确定性确实已经说出了当我们说这一个的时候，无论在现实的表达中，还是在那种言之无物的言表中，感性知识所包含的东西。感性确定性说出了**自身**——仅仅是自身！这意味着：所言说的是关于所知道的东西的知识，**如**其所知道的**那样**，尤其是，所言说的就是所知的本身。但——非常关键，这里确实要注意——感性确定性通过

表述它的所知而言说自身。所表述的是其**所是**，确切地说，它事实上之所是，所表述出来的是真理，反过来也一样。真理不仅这样被附带地说出来，而且真理本身就是被表述的东西，就是话语。感性确定性的真理就是它所意指的每一个这个存在者，它意指这一个，作为现存的存在者；它意指这个现成存在者，**存在着**的**这一个**。“这个**存在**”——这就是它的、感性确定性的陈述，它的真理，感性确定性说出了现存之物的现存性，黑格尔术语中的存在。因此，黑格尔说：“它的[感性确定性的]真理仅仅包含着事实的**存在**”①，他不是说：感性确定性的真理包含着事实的存在，而是说：“**仅仅**包含着事实的存在”。感性确定性通过言说有关它的事实，这个现存的东西而言说**自身**，而不说它自己，认知者及其认知活动，因为认知者，“意识”或“我”确实都与感性确定性的真理毫不相干。问题在于感性确定性的特有关注兴趣，就是说，它意指每个这一个，意指这东西**存在**，对**自身并不**感兴趣，同时也无须感兴趣。因为对于感性确定性来说，这一个东西存在，只是**由于它存在着**，根本没有什么权威机构可以追问这种知识，这个存在者**为什么**存在，而只能是它存在，由于它存在着。它就是每一个现成存在的东西，别无其他。

感性确定性对作为知识的自己，与对**作为对象**的这一个同样不感兴趣。**遗忘对象，**它只意指**这一个**。我，这个认知者，确切无疑就是这一个，就是知道我是这一个的这一个；但在这种知识中，这一个并没有更多的意味。在感性知识中，我是这一个，无非就是指它所知道的、这一个的纯粹知识，这个东西存在。因此，黑格尔在这里同时说：“在这种感性确定性中，意识从它那方面说，只是纯粹的我；或者说在感性确定性中，**我**只是纯粹的这一个。”②他不是说，意识就是我，而是说，“只”是我，这一个，就像前面关于对象他说，“仅仅”是这个，这东西存在着。

---

① Ⅱ，第73页。

② 同上。

当黑格尔试图去把握显现着的感性确定性的显现活动时，他用“只”或“仅仅”，就是说，用这些**限制性**的，并因此排除一切多余内容的词汇来表达。那么，什么是多余的、感性确定性还不是的东西呢？从知识的形式来理解，感性确定性还不是那种多方面推动或展开思想的知识，知识还没有通过知的方式促成运动；它不再以知的方式进一步发展，知识还没有历史。感性确定性——着眼于其实情——绝不是所知道的东西，本身作为“多种性质”之堆积，这就是说：感性确定性从两个方面都还没有表现出中介；舍此不谈，因而感性确定性只是未被中介的、非一间接的知识。**纵然**感性确定性在显现活动中显现，但就此而言，它在某种目光中显现，这种目光**只是**直接地接受感性确定性，**排除**一切已经属于它的中介性的看的活动。因为这种目光不可能指向或朝向别的什么旁观，只能以其直接性看直接的东西，所以，我们到目前为止旁观的方式，只是**排他性的旁观**。

“但这种[感性]**确定性**本身实际上提供的是最抽象和贫乏的**真理**。”[①]这符合黑格尔或我们跟着他所赋予感性确定性之真理的特征。然而，黑格尔在这里恰恰还强调说，感性确定性**本身**为真理的这种形式竭尽全力了。无疑，它道出了对于它来说真实的东西，这是些现存的东西，只是现成存在着。但感性确定性在这里当作它的真理所表达的，并没有表达出感性确定性**本身**就是最抽象最贫乏的真理。感性确定性本身根本没有能力将自己理解为抽象的知识，毋宁说，它是“最抽象”的或“最贫乏”的真理，这话是**我们**说的，在绝对知识中，或对于这种“实际上”或“事实上”是真实的知识的绝对知识而言，我们如是说。因为对于这种知识，即超离的知识而言，感性所确定的东西完全或根本就是片面的，片面地陷入某种单一的关系中，是最相对、最抽象、最片面的知识；但那样的知识，恰恰最少可能自发地知道抽象的知识就是那样的知识。

① Ⅱ，第73页。

黑格尔在他随后的柏林时期写过一篇短文,标题为"谁在抽象思维?"[①]"谁在抽象思维?没有受过教化的人,而不是受过教化的人。"[②]

我们已经强调过:感性确定性关于其**对象**所表达的真理,就是**它**在其中表述其**自身**的**那种**真理,因此同时就是关于知识之确定性的真理,是关于在知的活动中所相关的……之确定性的真理。这种关系实际上同样也只是纯粹的现成存在,单纯的现存性,"纯存在","这些构成了这种确定性的本质,表述出它的真理"[③]——它的真理,感性确定性的全部所有。感性知识作为自相关的,同样只是现成的存在,因为它仅仅消散于现存东西并沉迷于此,只是现成存在着,甚至都不及它的对象本身那样现成地存在着。

现在,感性确定性的对象以及关于这些对象的知识两个方面都描画了,这种描画的结果是:感性确定性的本质,根据这两个要素,就是**直接性**。

因此,对感性确定性的描述还没完——不但没有完,现在可能才刚刚开始,因为这种描述必须**从经验出发**来进行,而经验是超离的知识通过意识形成的。这种超离的知识,迄今为止对它的直接对象——即感性确定性的特性标画方面——还没有超出对显现着的东西的最初接纳。现在,我们必须首先考察其情况是怎样的。我们难道真的就简单地接纳感性确定性的纯粹直接性,也就是说,我们真的就持守于这直接性,以便在持守中理解它所知道的以及其是如何知道的吗?应该表明,对此必然会有诸多头绪,环环相扣。

---

① XⅦ,第400页及以下。

② XⅦ,第402页,见404页关于小商妇的那段。

③ Ⅱ,第74页。

d) 感性确定性的直接的纯存在中的差别和中介性——"这一个"样例之丰富性，作为我或作为对象的这一个

"如果我们旁观"，那么我们同时就会看到，不能停留在"纯存在"那里，也就是说，停留在感性确定性的现存性及其知识那里，因为"在**纯存在**上……还有很多其他东西……顺带在起作用"①。当我们确确实实地把真实的感性确定性当作对象考察的时候，这些"顺带起作用的东西"就会显露出来。我们尝试这样做——每个人都做一下，将自己置身于直接的这一个面前，比如这一个，这里的这个讲台。我在这里发现，我意指着这里的这一个现存的东西，在这里作为知的活动中这个东西的认知者，我，仅仅是这一个。还应该有什么在起作用呢？每个人面前都拥有他的这一个，当然，这无非就是前面说的那一个，还据说，感性确定性的对象就是这一个。**这一个**？我们确实面对着**讲台这个**对象，而如果我们转移目光，还有这块黑板，这扇门。所以，我们每次都面对一个不同的这一个，而且每次都恰恰将目光转移或投掷到这个或另一个上面。这一个总是一个讲台、一扇门、一棵树、树上的一根大树枝、一根小树枝、一片叶子——一个**实际的**这一个，恰恰不是感性知识"**这一个**"②的对象。当我们一般性地意指这一个的时候，恰恰会出现这样的情况，这一个从我们的意指中**自行隐退**了，更确切地说，不是一般性地，而是在我们明确地指向**某个这一个东西**(ein Diesiges)：讲台、窗户、粉笔的时候，就会如此。因为根据其含义，这一个本身就是这一个东西，所以它——这一个——并**不是**直接的对象。

所以结果就是：感性确定性实际上绝不仅仅像我们所认为的那样，是那种纯粹的直接性，毋宁说，任何一个实际的感性确定性都是**一个样**

---

① Ⅱ，第74页。

② 这里的德文原文是"das Dieses"，多了一个中性冠词"das"，表示作为感性确定性的"一般"知识的"这一个"。——译者

例，更确切地说，是本质意义上的样例。在何种程度上这样说呢？比如，当我们一般性地想象一棵树之所是的时候，冷杉、山毛榉、橡树、椴树等任何一个都是这类样例，但真正的感性确定性不仅是这种意义上，即我们首先定为其**本质**的东西的**样例**，它不是个别案例，随时都可以随便当作例子来顺手使用或“落入”某个类概念，毋宁说，**每个**真正的感性确定性**本身**就**作为**一个**实际的**样例。因为就感性确定性意指这一个以及这一个正好是这一个东西而言，意指这一个的活动本身就是在举例子，每个实际的感性确定性本身都是在举例子，是一个样—例（Bei-spiel）[①]。意指这一个的意指活动，每次都使其这一个东西在这一个中或通过这一个而顺带列举。对此我们要注意：讲台、黑板或门本身绝不是这一个的样例，而是被使用对象的样例；只有作为可能的这一个东西，它们每个才都是这一个，作为可能的这一个东西——这意味着什么呢？现在还悬而未决。我们现在只能说：意指活动本身就是在举例子，相比之下，讲台之作为讲台的存在却不是举例活动。

纯存在，真正的直接性因此就都是举例子的感性确定性，同样，“我”也总是被列举的东西，正如这一个那样，即这一个东西。所以我们看到：我们先前已经当作感性确定性之本质来意指的东西——作为对象的这一个**和**作为我的这一个——这两者已经从**纯**存在中突显出来了。这两者被区分开来，它们构成一种差异性，必然被视为“首要差别”。如果我们仅仅守着这种突显着的东西，我们就根本没有拥有直接之物的直接性，但同样清楚的是，这种突显可以说是经过我们的；也就是说，作为对象的这一个**和**作为我的这一个，只有当它们，即这种首要差别，归根到底已经**在**感性确定性的本质**中**，在直接性中存在的时候，才可能突显出来。进一步说——如果我们不仅这样旁观，而且对这种

① 海德格尔在这里把“样例”（Beispiel）分开写为“Bei-spiel”，直译是“在旁边——起作用”，为了呼应前面说的“顺带起作用的东西”。——译者

差别进行反思——那么结果就是：它们不是两个——有差别的东西——**简单地**在本质上**现存着**，而是一个**通过**另一个而存在，反之亦然。我通过事物拥有确定性，事物也只有通过知道它的我才是确定的，有差别的两者是被中介的，并**借助**这种中介居于直接之物的本质**之中**。于是，我们就可以——这样来表达考察涉及的，但还没有说出来的问题——停留在这里吗？也就是说，**直接性**就是感性确定性之真理吗？我们后来对感性确定性所言说的，难道不恰恰是它所**不是**的东西吗？我们在那样称呼时，难道不是在**否定**其本质吗？

我们要牢记：我们现在已经——在首先确定了感性确定性的本质之后——旁观了，我们已经对在这种旁观的过程中可能明朗起来的东西进行了反思，对在举例中突显着的"这一个"和"我意指"的区分进行了反思。通过这种突显同时还明确形成了本质和样例之间的区分。

e）直接性和中介、本质和非本质的东西在感性确定性本身上的差别之经验；作为本质的这一个，它作为现在和这里的意义，作为这一个的本质之共相

我们在本质和样例，直接性和中介之间进行了这种区分，然而，黑格尔明确地说："这种差别……不仅仅是我们做出来的，而且我们在感性确定性本身上发现了这种差别。"[①]但问题不在于，我们根本没有做出这种区分，而只是发现，就像我们在大街上发现了一把小刀，我们当然无须什么作为。黑格尔不是说，我们没有做这种区分，而是发现了这种区分，而是说，这种差别……**不仅仅**是我们做出来的。我们当然做出了区分，必须做出区分，也确实已经做出了区分，以便去发现它。我们当然已经做出了区分，直接性和中介的区分，因为这种差别，这种差别的造就，无非就是我们在超离的知识中的活动之根本特性。在这种差

① Ⅱ，第74页以下。

别之光的普照中,我们从一开始就看到了所有本应与我们照面的东西,而那些东西本应与我们**照面**,我们本应旁观,就好像照面着的东西在这种光中自行展示,就好像它本身本来就具有那样的差别。因此,黑格尔说:"……以那种形式,就好像[直接性和中介的差别]存在于[感性确定性]本身上,而不是我们恰好这样规定了它,我们要接纳这种差别。"① 这里已经完全清楚了,我们如何超离地——明确地,尽管不是完全确定地——超出黑格尔意义上的现象一步,或者可以说首次将其置入光亮之中,随后才得以首先进入或返回到现象之光中。如果我们借助那种光先行照亮正确道路的话,那么,那条道路就必然导向真实;这就意味着:对感性确定性说明,就像它本身那样,必然证明我们先前对之所言说的东西,我们先行把握的超离的知识必然得到验证;意识本身必然以这种方式朝向其真理更进一步。现在,我们的目光,超离的目光,伴随着显现着的东西首次变得明亮起来,以便于我们旁观。

我们以什么形式在感性确定性本身上发现本质和样例、直接性和中介之间的差别呢?

现象学之真正发生现在才开始,借助感性确定性,它形成经验,为此,我们必须把握感性确定性之自在本身,把握它是如何形成的。它通常作为确定性,作为关于某种所知的知识而形成。如果我们想要接纳这种完整的现象的话,那就意味着,以追随其所是的方式**追随**它。这就是说,在知的过程中相关于……因此,我们不可以外在地看待这种相关于……好像是一种纽带,缠绕在某个我、知者和某个对象、被知道的东西之间,毋宁说,我们应该与知识同行,并接纳在知的活动中知识之所涉,以及知识成就这些的方式。在这方面,我们已经听说:对于感性确定性而言,按照其知的方式,对象就是现存的东西,就是**那存在着的东西**,也就是说,即便我们还不知道它,它本身仍然现成存在着的东西。

① Ⅱ,第 75 页。

知识以及进行知的活动的我，对于对象之自在来说无关紧要。感性确定性本身知道这一点，并以此表达这种状况，即对于感性确定性来说或在感性确定性上，总之只有对象是“真实或本质”。① 知识同样可以**不**存在；它和我对于本质而言都是无所谓的——是非本质的东西。如果知识存在，它就一定要依赖于对象，感性确定性本身如是说。在这个表述中说出了感性确定性本身，按照其言说，如何自在地就具有本质和非本质的东西之差别。

对象，自在存在者，被感性确定性作为其真理而发送出来，感性确定性中的对象“实际上”真的如其所声称的，是现存的吗？所以，问题再一次提出，情况是否如“实际上”那样或真的如此？（在什么样的真理中或根据什么样的真理？根据那对于我们、绝对认知者来说，从一开始就是权威性的真理。）

我们应该如何回答这些问题呢？我们应该如何决定，感性确定性的对象是否就是这样，它如何被或者为感性确定性而发送出来，与之相应，它就如何实际地在现存于其中？完全不用考虑，当决定做出时，与这个问题一道，为感性确定性的对象——为他的对象——与这种对象之真正的真理——为我们的对象之间符合或不符合的可能性——就已经发端了。

对于感性确定性的对象是这一个，所以，我们追问感性确定性本身：对于它来说这一个是什么，也就是说，对于感性确定性来说，这一个的这个性（Diesheit）在于何处？当感性确定性被追问时，它说出了什么？也就是说，每当感性确定性在实际的场合被真正追问的时候，这一个对于它是怎样的？对于它来说，这扇窗户的这个性是什么？存在在**这里**的窗户。或者，这脉搏跳动这个性？**现在**进行着的跳动。这里和现在构成了这一个的这个性。现在——究竟什么是现在？现在——感

① Ⅱ，第75页。

性确定性本该说些什么呢？感性确定性——通过指示那就在现在构成“现在”的存在者——说出现在直接之所是，比起这种情况，它关于“现在”还可能说些别的什么吗？现在，就是这个下午，现在是下午。或者，按照过去了的现在，那时黑格尔正好在追问符合现在的感性确定性，当时他写下这样的话：现在是晚上。

现在是下午，这是一条无可争辩的真理，我们通过用粉笔将之写在黑板上来保存这个真理。明天一早八点，管理员来到教室，看一看是否一切正常，黑板是否擦干净了，如果他现在读到这句话，“现在是下午”，那么他绝不会同意，这句话是真理，这句话一夜之间变成了谬误；**这个**曾存在在现在的存在者，在管理员早上看来，昨天下午，早已是不再存在的存在者了。真理没有存留，而管理员读那句话的现在，却还是现在，但现在是上午的现在。还会发生这样的情况，教授确实错了，而另一方面管理员也是大学里的，在这种情况下他要帮忙纠正这句话；**他现在**写下真理，“现在是上午”，他现在无论如何都不会放弃这真理。一小时之后他来到教室，看他记在那里的真理，是真理吗？现在是中午。

究竟什么才是现在真正真实的东西或存在者？每一次都是现在，而每一个现在，现在都已经是另外的一个，**不**再是前面那个了。现在仍然持续不断，每一次，在随便任何一瞬间都是现在。但现在如何或作为什么而维持着呢？现在只能通过每个现在之所是——上午、中午、下午、晚上或深夜——每一个又都**不是**现在的东西而维持。现在总是非一这一个。这个**非**总是在消除着直接的这一个——恰恰就是现在的那些黑夜、白天。直接的东西被扬弃、被中介。归属于现在的——因此才可能一直是现在的，就是——这种持续的否定。但值得注意的是——这种持续的扬弃，这种不间断的变易根本不会扰乱现在，现在仍然是简单的现在，并且恰恰因此仍然简单地、漠不关心地面对每一个是现在的时段——无论白天还是晚上。所以，这样一个简单的东西，不仅可能是这个，而且可能是那个的东西，或者，既不仅仅是这个，也不仅仅

是那个的东西,这个简单的,在中介中,或通过中介而持存着的东西,就是“**共相**”。

问题是:这一个是什么?也就是说,什么东西构成了这个性?答案是:现在。现在的本质是什么呢?成为所得到的共相。这共相是这一个的真理,所以是感性确定性之对象的真理。

这同样适合于这一个的另外一种“形式”,即“这里”。对于“这里是什么?”这样的问题,我们每次都对之发问,感性确定性的对象是什么,它答曰:这里——这个讲台。“我一转身”[①]——真理消失了;这里不是讲台,而是黑板。情况永远是这样,无论我转向哪里或我在哪里,我都看到这里。我总是携带着这里,无论我站在哪里,那里总已经变成了这里;更确切地说:就是“这里”,才使得从这里出发来发问的那个地方成为可能。“这里”持续存在,但“这里的东西”每次都是一个其他的,更确切地说,持存的“这里”每次都要求一个确定的这里的东西,它要求但同时却完全毫不关心现在是哪一个。它从不纠缠于它的这里是一棵树还是一座桥,是山峰还是海底,“这里”只要求它每次都是这里的东西即可。但当它要求诸如此类东西的时候,却恰恰根本不顾及这一个、每次都在这里的东西本身,“这里”要求这里的东西并自发地冲击每次都在这里的这一个。它**保持**为空洞的、无关紧要的这里,被中介的简单性,即共相——就像“现在”那样。于是,这个性的**这种**规定性就同样显示为共相。

f) 表述共相的语言和所意指的个别——存在论差异和辩证法

这一个是什么?感性确定性的对象,即真实的东西或存在者是什么?这一个是共相,但真正的感性确定性却不是意指普遍的这一个。当然不是;它意指每个这一个东西,恰恰就是指那些它用作样例的东

---

① Ⅱ,第76页。

西——这棵树、这座房子或这个晚上。但这里用作样例的东西确实不断地、随时随地都是其他的东西，在任何时候、任何地方都**不**是同一的，所以是一个**虚无的东西**(Nichtiges)。感性确定性在样例中所意指的，它在意指中所把握为存在者的东西，是**不**—存在者，是那种“不持存的”[①]东西。存在者是**持久存在着的**，不会被变化或变易，也就是说，不会被**虚无**所侵蚀的东西；存在者就是**那真实的东西**(das Wahre)[②]。

在讨论开始时我们就事先提到：每当感性确定性表述自身时，它就说出了**它的真理**。我们现在才领会到这意味着什么。我们说：这一个，我们此时此地所**说**的，是普遍的这一个，而我们**意指**是这一个东西，这棵树。我们**通过**普遍的这一个所真正意指的东西，我们根本无法借助这一个来言表。我们说“这一个”，而结果却说出了普遍的这一个，语言说出了我们所意指的事物的对立面，我们意指的是个别的东西，语言说出的是共相。但语言不仅固执地表达意指之物的对立面，而且也同时说出，由于它总归说的是共相，是真实的东西；它反驳我们的意指。但语言不仅反驳我们，而且它使那最初被意指的东西，臆想的真实，转向其对立面。它使我们经验到，通过意指活动什么也得不到，而感性确定性的真实究竟是什么。语言转向对立面，扬弃，也就是说，上升到真正的真理。语言本身就是中介者，使我们不沉迷于这一个东西，沉迷于完全或根本是片面的、相对的或抽象的东西，它在反转中抛弃相对的东西。为此，黑格尔恰恰在讨论感性确定性关键的结尾时说，语言“具有神圣的本性，直接扭转意指的东西”[③]。语言是神圣的，即绝对的存在物，它本身就具有某种神的、绝对的本性，非—相对的——绝对的，即超

---

① Ⅱ，第79页。

② 德文的动词“wahren”是保持、维持、保存的意思，形容词“wahr”通常翻译为真的、真实的、真正的等。这里的名词“das Wahre”，既有真实的，又有保持着、持存着的东西的意思。

③ Ⅱ，第84页。

离的本性。语言是神性的,因为它是超离的,使得我们摆脱片面性并说出共相或真实。所以对于人来说,语言归属于其生存,他在这一个东西中所意指的,只能通过这个性,**通过一般的这一个**(das dieses)才是可以通达的,更严格地说:**只因我们拥有这一个**(Dieses),我们才能**意指这一个东西**(ein Diesiges),只因我们"言说",我们才能意指。这种最遥远的出让,只能存在于语言最切近的内敛中。与之相应,古代对人的定义就是:ζ ῶον λόγον ἔχον(人是会说话的动物)。在"精神现象学"中,我们将再三遭遇到语言的根本本质:它建构了作为一个作为本己的本己的此在。[①]

对于语言所说的,恰恰适合于感性确定性借以述说其对象的**那种**表述,它说:这一个**存在着**。我们意指这一个确定的个别存在者,关于它我们说"它存在"。在这句话中表述或说出来的是"一般存在"。黑格尔明确强调说:"我们当然没有**表象**普遍的这一个,或一般存在,而我们**说出**的是共相。"[②]然而,我们必须这样说,我们说出它,只是因为一般存在已经——即使没有当作主题——被我们说出来了,而之所以被说出来,只是因为存在已经得到了领会;并且不仅仅是说,当我们在感性确定性中**意指这一个存在者**时,存在已经一般性地顺带被领会了,而且,如果存在没有已经成为真实的,即敞开的话,我们就根本不可能意指什么。在某种意义上,只有从这种真理中才"产生"出**可能的真理**,所意指的东西之敞开——如果我们通常可以言说后者之真理的话,它们对于黑格尔来说根本不成问题。毋宁说,这一个的真理恰恰是共相,但这种真理并没有被感性确定性所把握,本身并没有被理解,也就是说,它还不是知觉。

我们简短地指出存在之领会及其与存在者之敞开,与存在性真理

---

① Ⅱ,第 382,491,533 页以下。

② Ⅱ,第 76 页。

的关系，只是匆匆地一带而过，为的是要提醒一下，黑格尔难题摆在我们面前的并不是深奥和偶然的思辨，相反，通过存在之领会的难题，我们不想成全某种臆想出来的业余爱好，作为特殊的观点而标新立异。所有这些之中，只有：τί τὸ ὄν（存在者是什么？）才是简单而伟大的哲学问题之回响。正因为如此，我们应该去把握黑格尔难题最内在的动向，也就是说，听任它自己的进程并追随这个进程。由于这种追随就是争辩，这就产生了问题：对存在的这种领会与言说，语言，在它们是绝对的这种意义上，是神性的吗？对存在的领会，我们还可以这样问，是超离的吗？超离的就是绝对的吗？还是说，黑格尔在《精神现象学》中所描述为超离的东西，只不过就是遮蔽了的超越，即有限性吗？我们的争辩被置于有限性和无限性的这种交叉路口，一个交叉路口，而不是两种观点的对比。

联系着黑格尔对于意指存在者时的共相之表述和存在（在我们的宽泛意义上，黑格尔不再称之为存在）之领会的说明，确实很明显也很容易引出"存在论差异"问题，但问题在黑格尔那里完全不同。对于西方形而上学之集大成者的黑格尔来说，存在问题的全部维度都指向了λόγος（逻各斯），而对黑格尔来说，λέγειν（说）并不是简单的话语，片面的一般表述，如"S 是 P"，对他来说，λέγειν 已经转化成了 διαλέγεσθαι（论辩），这有两层含义：1. 一是 διά（透彻），详尽讨论，居于说和知的活动本身中的一种特有的运动，绝对的不安，不驻足停留，而是扬弃，柏拉图的 διαλέγεσθαι，贯通；2. [①]但也不单是贯通，而且还在于（甚至在柏拉图那里就已经有这个意思了，虽然辩证法在他那里和在黑格尔那里根本不同）通过 διαλέγεσθαι，即通过媒介而进行的一种自言自语。被言说的东西指向自己本身，被言说的真理最终取决于我、主体或精神。这种情况并不在西方辩证法中真正通行，但辩证法无非就是从逻各斯出发

① 按照英文参照本，这里应该是第二点，德文原文中没有这个"2"。——译者

的，也就是说，原始意义上“逻辑的”、被把握了的超离。黑格尔哲学(方法)就是辩证法，这就意味着：1. 存在问题仍然定位于 λόγος；2. 而这种“逻辑的”定位就是不安，是从非一有限性出发来理解的超离的。

黑格尔甚至谢林已经以某种方式看到了“话语形式的冲突”①：“上述内容可以这样来正式表述，就是说，一般判断或话语的本性，本身就包含着主词和谓词的区分，这种本性被思辨的话语所破坏，而由最初的变来的同一句话，包含着对那种关系的反击。”②但在思辨的或“哲学的”话语中，主词与谓词的简单区分并没有被同一性所消除，而是被扬弃了，它是超离的话语。在话语中“是”被表达出来，黑格尔将超离的绝对不安，带进了一般话语中的这个静止的“是”之中。真正地去促成这种不安，仅仅这一点，就构成了其哲学的全部工作。

---

① Ⅱ，第 49 页。

② Ⅱ，同上。

第七节　作为直接之物之本质的中介性和辩证的运动

a）意指活动作为感性确定性之本质；意指活动的当时性和普遍性

讨论的进程目前走到了这一步：我们拷问感性确定性，它关于其对象，因而关于其自身说了些什么。它说：对象就是自在的存在者，真实的东西，本质性的东西；当它不是知识时照样存在着，而这种无须存在的知识，只有对象存在才可以存在。这对象是本质性的；关于对象的知识，意指活动，是非本质的。但如果进一步追问，作为对象的“这一个”是什么，结论是：这个对象，个别的东西，“这一个”根本不是持存着的，而是不断变化的，与持存之物，与现在或这里相反的东西，是无关紧要的，非本质的东西。对象不是自在的真实的东西，**就它**是**我的**对象，就它被**我**、自我、认知者在意指活动中把握**而言**，也就是说，就它以这一个、此时、这里的形式照面而言，每次都只不过是“意指活动”的对象。对象**存在**，是由于**我**知道这一个它，所以一切都颠倒过来了，以前非本质的、无关紧要的东西——知识和认知的我——现在成了本质性的。感性确定性之真理脱开了它的对象，它从那里被驱走而在知识中、在“我知”中被确定。更确切地说，它从对象那里被驱走，而且是可以被驱走的，因为它只不过是臆想在那里被发现或把握的，即出于感性确定性的臆想，只有在这种臆想中，这个直接的、本身消失的东西才存在。

应该注意的是，这种脱开、驱走或被迫退回到“我知”中，并非通过我们任意的计谋而发生，而是事实表明了感性确定性在反驳以及如何反驳它本身，它通过自己所**说**的，反对它所意指的，反之亦然。

然而，我们恰恰从一开始就必须在感性确定性之真理这第一次从其对象的驱除行为中看出，它如何立刻就指向了“我知”、认知者或知识——那最初的、还非常遥远而同时又短暂的意识之自我实现——精

神现象学可以说第一次从其生僻和片面性的最边缘处开始了，绝对的不安仿佛从那里惊起了这一个和意指活动，现在再也不会使之恢复平静了，除非感性确定性的真理从它的这一个返回到意指活动上，事情就此不再发展了。所以，黑格尔说："虽然感性确定性这样从对象上被驱走了，但还并不因此就被取消，而只是被迫回到了自我里面；我们要看一看，这种感性确定性的经验给我们展示的其实在性。"①这最后一句话必须完全从其方法论的高度来理解，按照前面说过的，我们不再继续对之加以详细讨论了。

经验——就是超离地介入那些在绝对知识之光中所显现的东西。这种经验向"我们"指示出某种东西——我们，不是指那种偶然的生物，在这所大学中被注册入学或被任命为讲师，而是指我们，绝对的认知者，现实地处于**精神中**的认知者。经验应该向我们展示某种关于感性确定性之实在性的内容，也就是说，关于感性确定性真正之**所是**。在绝对经验中一开始被追问的就是本质；形成经验就是旁观或追踪那些仍然存在着的东西，即在超离的研磨面前或经过那种研磨依然存在着的东西。所以，这里我们首先要问，感性确定性的实在性是否真的就是"意指活动"而不是"这一个"。

"所以，其[感性确定性的]真理的力量在于**我**，在于我的**看、听等活动**的直接性。"②感性确定性真的是凭借意指活动，凭借我在感性中把所看到或听到的东西接纳为我的，而在我的看或听的活动中获得的吗？对于黑格尔来说，"意指活动"并不更多地意味着所意指之物的被意指性存在，而是"通过意指活动获取"，也就是说，接纳，被接纳的东西回撤到接纳者中——*recipere*(接受)。通过每一个我看或听的意指活动，其所看到的东西被抓取到他里面，而完全直接对待的只能是这一个，就此

① Ⅱ，第77页。

② 同上。

而言，什么都干扰不了所看到的；于是情况当然就应该是，直接沉迷于这一个只能意指这一个。我们称之为直接知识的感性确定性的直接性，就在于意指活动中，所以，如果我们想要在意指活动的对象中寻求直接性，我们就选错了路；对象真的只有通过意指活动才成为被意指之物。每一个我都**意指着他的那个东西**，而这个被意指之物就是他的这一个。我，这一个我，把讲台称为这里，火车站的火车司机把火车头称为这里，而每一个我都有同样的权利或以同样的认证方式，即通过援引他每次都完全直截了当地获得的，仅仅是他的东西这样来断言。火车司机会把对他声称这里是讲台的人说成是精神错乱，说他疯了或丧失了通过意指活动直接获得他的东西的官能。同样，我也不会说这里是菲尔德堡；我不可能那样说，因为我的意指活动根本无法达到那里，就像无法达到其他地方一样。通过存在于其感受中的意指活动，我只能考虑我的东西。

当我们——就像上述的那样——在这里关注火车司机或我所意指的东西的时候，我们就已经跨出了意指活动，我们就已经不再拘泥于意指活动，拘泥于纯粹的听之任之了。如果我们比较这个和那个意指活动，我们就会看到：每一个意指活动都是真的，每个都同样符合事实，都像其他的一样，以同样的方式认定。而恰恰是**由于**它们每个都有权或以同样的方式声称真实，所以恰恰每一个都不能在其他的面前谋得优先，相反，每一个意指活动都有权否认每一个的正确性。它们全都相互攻击，致对方于消亡，它们这样做，即每一个意指活动都为了自己，而恰恰是通过这样做，它们为建立多样性做出了贡献。如果我们——就像所发生的那样——去考察这种没有说出来的、每一个意指活动反对其他每一个的斗争，那么我们就会发现这场争斗中的内耗。但就这种消灭活动正**是**其所是而言，某些东西恰恰由此得以维持。多种多样的东西，当时的意指活动之“多”，当时的我，多种多样的东西就是正在消失着的东西，而简单的东西却是持久的东西。简单的东西就是不随波逐

流的东西,就是在每一个当时的“**我意指**”中的简单的意指活动,或者就是在每一个当时的“**我意指**”中的那个我。当我说“我”的时候,我虽然是在意指我,意指这一个或仅仅这一个我;但是当我说“我”的时候,我说的是**每一个人**都可能说的某种东西,而每个人都能如此,是因为那东西就是每一个人,每一个人都是当我说“我”时所说的东西。每一个此时所是的东西,这个简单的东西,并不直接存在于每一个意指活动中,毋宁说,每一个任何时候都直接就是每一个,即从来都是一个多样的东西。

如果我们从多种多样的东西出发去追溯,即旁观那在其自行消失中所维持着的东西,那么,简单的东西只是**为我们**的。通过盯着流逝之物的方式旁观或考察持久之物,我们**中介着**处于两者之间;我们在中介活动中发现了**简单的东西**。我或意指活动——这个感性确定性之真理的力量被设想为来自于其中的共相,同样也不是直接的东西。

b) 我与对象无差别的感性确定性的直接性;已经指出的个别现在通过其运动达到共相

通过前面的讨论我们有什么收获呢?感性确定性的直接性既不在于这一个的直接性,也不在于意指活动的直接性。感性确定性的这两个环节绝非各自明确就是直接的东西,既不是对象的自在存在,也不是意指活动的自为存在,感性确定性的直接性本身是自在**和**自为的,两者合在一起共同构建了直接的东西。对于正确理解感性确定性的本质来说,这说明了什么呢?

对象和意指活动合一——这意味着:感性确定性作为知识之整体,本身绝不参与对抗知识的对象和方式,它不仅自在地和自为地不允许这种事情**发生**,而且本身也毫无理由**招致**此类事情,更不会将其直接性指定给一方**或**另一方。感性确定性完全沉醉于直接性之中,完全把这种直接性纳入自身之中或将自身渗透到它之中,**作为整体**,感性确定性

坚守**其**作为直接性的**自己本身**,**这个整体**必然被确定为其本质。如果人们把对象确定为本质的,把意指活动确定为非本质的,或者反过来,那么就错了,这种区分对于感性确定性来说根本没有。感性确定性本身保持为无差别的、始终不变的我与对象的关系,在这种关系中,关系的各方正如关系本身一样,是不突出的或无差别的。所有一切都还没有区分,没有凸显出来,而是完全固守于每个这一个东西,也就是说,对于认知或拥有的方式,这一个还没有**作为**对象而突显出来。

感性确定性只能根据它自己特有的感觉来思考,即对其这一个加以思索。通过我意指我的东西,意指我的这一个,即我这里的这一个,一切都得到了满足,这一切指的是我的感官所面对的一切。在这种意指活动中,恰恰没有从那里脱离以便更加完善的动力。感性确定性决不会放弃它作为当时的,它所是的那一个,相反,它只能考虑那个"一":在自身之内去领会它所意指的东西。我,这一个我,对于他来说讲台是这里,我,这个意指者,"不能转身",[①]否则对于我来说这里就不是讲台了。我"也毫不在意",这里可能是一个火车头;我也根本不比较不同的这里和现在,而是说,我的这个意指活动,按照其最本己的感觉,就是**持守在我所意指的东西那里**。这就像前面的例子:那个上午在黑板上读到:"现在的是下午"的管理员,当他**现实地**意指"现在是上午"这个简单的事实时所持守的,恰恰也就是当他被问及"现在是什么"的时候所持守的。

所以,当**我们**针对一个先前所呈现的感性确定性说,现在不是白天而是夜晚,倘若我们真的把它当作直接的东西来把握,把握为它此刻所突显出来的东西,感性确定性其实根本就没有参与这件事。**我们**以前就其直接性进行的考察恰恰不适合它,而是被逼迫成了它所不是的某种东西。我们通过将感性确定性逼迫成为某种为我们存在的东西,我

---

① Ⅱ,第 79 页。

们颠倒了它。

所以,我们只能坚持这一点,我们“进入”感性确定性,并完全听由它来指示或言说“现在”和“这里”是什么。我们必须坚守意指活动中照面的“现在”,不允许“事后”再用另外一个来反对它,同样,我们也不允许放弃“这里”并提出“远离这里”的另一处。

我们中介着旁观或探究直接性恰恰导致了这样的结果,我们发现,我们还没有真正地或完全地注意到这个东西,对于我们来说,现在首先应该严肃地对待直接之物的直接性,也就是说,认可其**自己的真理**。我们必须完全或仅仅听任自己成为**这一个**我,完全沉浸在这一个意指活动里面,并且在沉浸状态中指出,这里的“现在”本身是什么。我们就这样来进行直接把握直接之物的最后助跑。

“**现在**被指出;**这一个现在,现在**”。[①] 我们大概注意到:目前所讨论的不是现在是白天还是夜晚,不再把握现在的具体材料,而是现在本身。“现在”。什么是现在?现在,当我说它的时候,就已经过去了。其属性是,当它在的时候,就已经不在,所以现在是过去的东西。但作为过去的东西,它不具有存在之真理。“过去的东西,实际上不是存在物”[②],也就是说,不是持久在场的东西,现在不在,它曾与现在之存在相关。

因此,我们这样理解现在,就像它本身自己要求的那样。这里发生了什么呢?我们已经简单地把握了现在,我们还意外地把握了不再现在的东西,而且获得了真理,那就是,它过去了。当我们必然会说:作为过去的东西现在不在的时候,我们就同样扬弃了这第二个真理并通过这种扬弃说出了“**现在”之所是**,就是说:它绝非直接的简单的东西,而

---

① Ⅱ,第80页。

② 同上。

本身就是一种被反思之物，即通过他在(Anderssein)[①]保持其所是的简单的东西。“现在”是那种绝对众多的“现在”之所是——共相。

指示活动(Aufzeigen)——就是经验，是我们随着现在造成的，关于它所不是和它于是之所是的东西之经验。因此，指示活动绝不是直接的知识，而是一种**运动**，即中介活动。正如那种在感性确定性中被知道的东西绝非直接的简单物，而是被中介了的简单物一样，所以，感性确定性作为整体所**是**的东西，保持其自身的东西，当它被指示的时候，这就是运动，就是这种运动的历史。在这种历史中，那些在感性确定性上被把握或获取到的东西，变成了在它那方面真实的东西；在这种历史中，感性确定性本身发展到这样一个阶段，那就是，它获得了(它那方面)真实的东西；它变成了知觉(参见黑格尔关于“普遍的”经验所说的话，这种经验是针对“伪造的”[gemacht]经验而提出的；Ⅱ，第 81 页以下)。

c) 作为对有限事物之扬弃，作为辩证法的绝对知识之无限性；与黑格尔辩证法争辩的开端——存在之无限性或有限性

如果我们总体上回顾黑格尔对直接知识的描述和我们的解释，自然就可以表明，所有这一切都是值得注意的“历史”，来来回回不断反复，在其中感性确定性为我们达到其真理。但这种真理并非——比如我们对此的诸多观点——其中之一，而是唯一的或真实的真理，是感性确定性根本上可能拥有的真理，就某些东西只能在超离中或为这种超离**存在**而言。直接知识之直接性的本质是中介性，它一再努力**不**从直接性中突显出来，避免这种突显，以便完全保持**在**它**里面**。但我们一定要注意：这毕竟只是我们的努力，绝对认知者或**想要**这样认知**者**的努

① “Anderssein”以前大多翻译为“异在”。为了和“他物”“他者”“为他”等相对应，本书大多翻译为“他在”，个别为避免语言歧义的地方也翻译为“异在”——译者

力，所以，这种努力以某种方式原则上注定不会成功，因为只要我们一般性地**追问**直接知识及其本质，我们就已经超出了直接性。所保持的仅仅是这个“一”，完全沉浸在直接性里面，每次仅仅以这种方式进行实际的认知，即仅仅意指而——**不去追问**。

因此，“意指活动”被写入标题，这说明，我们不仅进行意指活动，而且还追问意指活动，并且这样来追问，即与此同时已经先行决定了，真理及意指活动或这一个之存在(本质)只可能或必然存在于何处。我们还沿着这条道路将直接性本身带进了意识并体验到，当我们想要把握直接的东西之直接性的时候，我们再没有比对直接的东西直接把握得更少的了，或者说，我们根本就没有直接把握这种东西。积极地说：把握直接的东西之直接性大多情况下要求完全消耗掉超离的中介活动，由于这种中介刚开始时在直接的东西那里所起的作用还完全不明确，所以这A章节的第一部分——以及整个A章节——就特别的困难。只是由于黑格尔事先着眼于其**直接性**，从超离的视域出发建构了感性确定性或直接的东西，只有凭借这种建构，它们才清晰可见。反过来，要想使它们清晰可见，也只能通过实施对这种建构之光的**再建构**，这种再建构将重新获得已经被打碎或遗失的东西，并应该使之完好如初地被我们看到。

一开始就给我们造成麻烦的恰恰是这一点，一方面，因为关系到把握直接的东西，我们必须马上实施建构；但同时，我们又不可因为孤立地、片面地理解其结果而停留在这种建构那里，恰恰应该从这种建构返回而进行再建构。

如果人们抗拒超离的、重建的这种建构活动之反反复复，而不参与到全部的运动中，那么立刻就丧失掉了一切领会的可能性。我们现在应该做的是，不要关注我们的解释，而是任其消失，与此同时，我们借其帮助重新尝试着去阅读简单的文本，察知那托付给每个个体的东西。

或许没有哪个时代像当今这样，有如此多的见识，有如此便利的手

段可以利用，以便迅速地知道一切或巧妙地说服每一个人，然而，或许也没有哪个时代像我们的时代这样，对诸物之根本领会得如此之少。那种领会之所以如此贫乏，不是因为时代已经沦丧于普遍的浑噩，而是由于——除了对所有一切之贪婪外——出于一种顽固的厌烦，抗拒一切简单和根本性的东西，抗拒一切要求全力以赴和**坚定不移**的东西。这种无根失措的状态可以一再蔓延，因为在当今的人中，有一种叫**忍耐**的美德早已枯死。

忍耐——就是在持久地关护我们所应该向往的，即其本该所是的东西中平静地期待，就是背离一切喧闹的操劳并降临于此在之整体中的操心。忍耐是真正的**人**优越于诸物**的**方式，真正的忍耐是哲学活动的根本美德，它领会到，我们必须不断地用适当的或挑选好的木柴堆起柴堆，以便将来有一天燃起大火。忍耐最初和最终——“忍耐”——这个词从本质性的话语中隐退了，我们绝不想把它变成时髦语，而是要进行练习并通过练习而练会它。我们只有在这种练习中才能获得我们的此在之真正的尺度，并在给他所提供的东西中获得敏锐的辨别力。

然而，太多的人的无耐性，还没有开始就想要完成，以便可以最快地发泄其仍旧或直接**留存下来**的无耐性，这种无耐性在我们想要带来成效的工作之最初摸索阶段，就可能已经袭扰我们了。

《精神现象学》一开始似乎就有一个过分的要求，而且还由于根本没有特别地或详尽地被讨论而越发强烈。实际开始时具体的表述是这样的：恰恰在那些事关把握直接知识的地方，必须要进行一种建构，更确切地说，在绝对知识之光中进行一种建构。但同时，我们不应该停留在这种建构上，单方面地接受其结果本身，毋宁说，建构应该承担起直接知识的再建构。这样就达到了这种再建构着的建构之令人惊讶之处，这种由于其必然不断开始而反反复复运动之眼花缭乱的过程，人们简称之为“辩证法”。

在这种无人可以抗拒的困境下——开始时不理解，或者说，最终完

全的误解——如果我们首先气馁或放弃的话，只会造成微不足道的不幸。但如果我们认为，对“辩证法”的领会最终可以任人揭示或冒充为一种诡计或权谋的话，那却是比较严重的不幸。这种事情从某些方面说当然是可能的，更有甚者，以致终究再没有什么能够抵抗那样一种不受约束的思维举止，所有的大门都对那种思维敞开——当然，通过那些门，我们从一种空虚堕入另外一种空虚，而竟然认为这就是我们此刻所掌控着的现实之丰富多彩。

即使黑格尔在其后期也无法完全控制辩证法的这种危险，即使对于黑格尔，辩证法也不是从一种非常明确的困境中生发出来的，他也没有通过其哲学的此在之固有的实体性而对之进行思考。因此，黑格尔可以，甚至必须造成对于他来说毫不含糊的经验，那就是，辩证法本身应该是创造性的。那种建构原则——其展开就是辩证法——是不是被现实之现实性所要求，这对于他来说不是问题，之所以被要求，是因为对于黑格尔来说，存在无疑事先就被绝对地领会了，这种绝对性和无限性本身不再成问题，因为它们不可能成为问题。这不在于黑格尔个人才智之局限，也不在于信念之顽固，而是在于世界精神本身之力量，在朝向其目标行进的道路上，我们只不过是其卑微的仆从而已。

每一种真正的哲学都是独一无二的，也只有那样的哲学才具有某种力量，并且凭借其精神和威力**反复**造就和影响着每个时代。但绝不会以这样的方式，比如通过“康德协会”或“国际黑格尔同盟”直接被粗俗化——这种事情早晚都会发生。当然，有很多其他的机会，比仅仅哲学家的名字和著作，更能相互确保其可怜的价值。而我们不再可能保护黑格尔，因为在这新的一年，在他逝世一百周年里，一切有关他的不招而至的炒作，仅仅是因为这个凑巧而无关紧要的数字“一百”而喋喋不休。

只有当我们关心最初和最终的争辩，我们才能够保护黑格尔著作的独一无二性，而这就首先意味着，我们要根本性地听从对**问题**的讨

论，即这种争辩在何处或者说如何必然地，也就是说，出于此在之内在的根据，并因此出于哲学本身的事实而发端。

我们试图把**存在问题**中的这种争辩的十字路口作为哲学的引导性或根本性的问题，而这就会产生问题，此在就其本质而言是否有限，或者说，这种有限性从根本上是否或如何必然被置入哲学的困境中，以至于有限性不是似乎仅仅游荡在存在者上，并因此被偶尔考虑的特性。还是说——同样的问题也可以这样来理解——是否绝对知识之无限性规定了存在之真理，于是一切有限的东西本身均已经被扬弃了，这样，一切哲学活动都只是**以**这种扬弃**的方式**或**作为**这样的扬弃活动而运动，也就是说，哲学活动就是**辩证法**。这样的问题产生了——更确切地说：这些问题还没有产生而刚刚才要产生——作为未被把握的成问题状态推动着迄今为止的形而上学，即使大多是外在的或短暂的。因为人们长期以来凭借或多或少的侥幸来区分有限存在者和无限存在者——ens finitum 和 ens infinitum——这恰恰就表明，人们对**存在**之本质的问题仍然漠不关心。

这样开始的与黑格尔的争辩，不仅在事实—历史的意义上是必然的，而且同样是富有成果的，因为对于他来说，存在之无限性绝不会停留于形式的原则，而同样既要总体上从存在者之基本经验中生发出来，又要保持与西方哲学真正的传统之内在联系。

d) 有关存在之无限性问题的照准点：精神从相对的东西中超离；无限性的逻辑的和主观的根据

在我们重新开始解释之前，我要给出几个与存在之无限性问题相关的照准点，就是说，更多的是列举而不展开说明。

首先请回忆一下我们为了说明该著作的一般特征，关于“意识形态

的科学”和“精神现象学的科学”的标题时所说过的内容。[①] 对于黑格尔来说，“经验活动”意味着：在一个东西中去获得某物所不是，而与此同时，又是它所是的知识。而同样“显现”“现象性存在”对于他来说意味着：在自身同一性中自行分裂，自行转化为他物。这种精神显现之经验的历史，从最直接、最片面的知识与这一个的关系性存在之最外在的边缘开始，这种历史采取这样的步态，即精神通过这种遗失返回到自己本身，也就是说，在所描述过的意义上，从相对的东西脱离以解脱自己。从精神相对的东西的这种超离，在著作的整体布局中有一个突出的位置，即从A章和B章集中向C章过渡的地方。我们已经非常粗略地看到，只有从C章节开始，才真正而明确地踏入绝对的王国，从那里开始两种划分交互推进。

精神从相对的东西中超离，本身就是意识克服其固有的片面性造成的分裂或破裂，作为那种克服的**超离**(Absolvenz)，因此可以说就是从破裂中解救。绝对(Absolute)作为超离而**解脱**(Absolution)。因为这绝非偶然，所以在《精神现象学》中不断克服着的有限性，恰恰就在刚才所提到的那个地方特别地被争论，在那里，意识的分裂在还没有在这种知识中得到克服时就被它自己意识到了；相反，这种知识恰恰使破裂加剧。黑格尔把意识本身意识到它的这种分裂叫作“不幸的意识”(unglückliche Bewußtsein)，[②]因此，B大章的第二部分末尾，即直接向C章过渡的段落[③]讨论的就是不幸的意识。这种不幸，被意识到的现存的意识之破裂，应该被转送到绝对之幸福的统一之中，而这种幸福现在恰恰不是自为地现存着的永福，仅仅踢开了一切不幸，而是那种掌控

---

① 见前文第25—37页。

② Glück是“幸运”“幸福”的意思，glücklich是形容词，为了和下文的“幸福”“幸运”相对，也遵从字面上的反义，把以前译做“苦恼的意识”的unglückliche Bewußtsein翻译成“不幸的意识”。——译者

③ Ⅱ，第158—173页。

了不幸，并且本身恰恰需要这些不幸的幸福。

不幸和幸福的共同归属性，并非存在于三个不同的东西中，而就存在于恰恰由此而形成自身的，使不幸归属于它的幸福中——一分为二的这种共同归属的特性构成了**有限事物之真实的无限性**。

有关黑格尔的无限性概念现在还有两方面要注意：

1. 黑格尔早就已经，即当他真正决心献身哲学，因此在其神学时期之后就已经给无限性定了位，在那里，按照西方哲学的传统和开端，存在问题不证自明地有其根源，即在 λόγος（逻各斯）中。这在思维和逻辑的框架中被表达为思辨知识，即辩证法。因此辩证法——正如已经多次强调的那样——建基于特定理解的存在**问题之事实内容**，它不是那种"既是…又是…"的机灵魔法，借助这种魔术可使一切便通，而且由于它依照随便一种轻率根据，通过将哲学（存在问题）的事实当作统治手腕而使人惊叹不已甚至蛊惑人心，于是还使人们相信必须采纳之。

2. 第二方面与无限性的逻辑根据（即同时与知性逻辑的变化）关系最为密切。自笛卡尔以来，形而上学的问题虽说没有直接取得新的**内容性的**进展，但的确发生了明显的转变，即就某些方面而言，极端地定位于 λόγος（逻各斯）、ratio（推理、计算），指向其最切近清晰的基础，ego（我）、cogitatio（思想）、自我、意识。当然，从那时起同样也在内容上开创了新的形态，就像在莱布尼兹的单子论中所揭示的那样，那是一种彻底的实体之实体性的理论。就某些方面而言，这种形态，即前康德形态，是黑格尔基本论题的原型，即实体事实上就是主体。但这首先需要康德的工作，以便以先验的方式在形而上学困境中获得清晰的视域，此后又必须由费希特首次获取自我的绝对性，尽管——在其知识学的具体工作中还没有完全冒头。

在康德和费希特继续发挥影响的时代，借助谢林的同一性学说，黑格尔得以将真实的、逻辑地把握的无限性之本质置入主体之中，或者说，使之发源于自我性、主体性之本质，也就是说将主体把握为绝对

精神。

这两方面——我们可以简单描述为：无限性之“逻辑的”和“主体的”根据——已经完全贯彻在具体的考察之中，并作为耶拿讲座的手稿流传给了我们。但是，一切都还刚刚开始，更多地处于与传统争辩的框架之内；它还没有找到自身必要的形态。这首先发生在**科学的体系**的第一部分，《现象学》之中，描述的是我们在第二段所提到的根据，即在主体之中或作为主体的无限性，而在第二部分，《逻辑学》中，首先提到的根据，即逻辑的根据——事实上必然基于第二个根据——得以贯彻。

只是为了通过黑格尔获得关于无限性的第一个逻辑根据的概念——这第一个根据对于一切后来的而言是决定性的——应该简短说明一下耶拿手稿中关于无限性的讨论。我们不求真正理解那里对无限性已经展开了的说明。

立刻就会引起我们注意的是，无限性是在与思辨的克服，同时也就是对康德范畴表的论证和规定①的最密切关联中得以展示的，同样还强烈谋求对古代形而上学——柏拉图和亚里士多德——进行重新界定。无限性之本质“就是对规定性，对矛盾的绝对扬弃，就是说，规定性以其是而不是，以其不是而是”②。这里已经很清楚：无限性之规定定位于“是”以及话语、λόγος（逻各斯）的规定（综合，简单的句子），但在简单的判词这个意义上，话语本身就是抗辩，就是矛盾。

“绝对的对立，无限性就是被规定的东西在自身之内的这种绝对反思[反转]，是一个作为其自身的他物，即根本不是一个本身与之漠不相关的他物，而是直接的对立面，它就是通过成为对立面的方式而成就它自己的。仅这一点就是有限事物之真正本性，即它是有限的，在其存在中自行扬弃。被规定之物本身之本质无非就是这种绝对不安，不是它

① 同上，第148页及以下。

② 《耶拿时期的逻辑学、形而上学和自然哲学》，拉松版，第27页。

所是的东西"。[①] "纯粹的绝对运动,通过在自身之内而在自身之外"。[②]

据此:"这就是说,以便这里临时提醒一下,真正的绝对知识不是简单地表明,一和多是一回事,仅仅这就是绝对,而是要表明,每一个东西和其他东西的合一,都建立在众多的一和多本身上面。"[③]

被规定之物向自身之内,而恰恰不伸向外在于它的他物的这种反转,属于无限性之本质。而通过他物向一个东西的这种反转,差别成了无一差别,有差别的东西恰恰仍然在其中得到保存或扬弃,这种突显着无限性之本质的反思,真实而现实地存在于自我之中。因为自我,通过其将自己设定**为**自我而与它自己区分开来,虽说如此,差别开的东西并没有从中凸显出来,而是恰恰作为本来无差别的东西,显然变成了同一的东西。这就揭示出了无限性之逻辑的与自我的、主体的根据之间的内在关系。真正现实的无限的东西,在所阐明的逻辑意义上就是主体,更确切地说——正如在《现象学》中必然表明的那样——作为精神的绝对主体。

反过来,我们为了争辩而由此推断,主体、自我首先被理解为"我思",即逻辑的。但由于这种逻辑的东西就是对话的辩证法,于是黑格尔以及一般而言的德国观念论,都可以在其源自无限性的自我性之存在中把握存在者的全体。也可以这样来表达,无限性本身就是作为概念的原本的 λόγος(逻各斯)。

为了说清楚对于我们而言解释过程中的争辩指向何处,以上这些说明可能足够了。

对感性确定性的超离的考察结果是:按照其知的方式,它意指**个别的**这一个;然而其真理,它通过"这一个"这个词本身所说出的真理却是共相,通过意指个别事物,它并不能获得其真实;它不是知觉,而以某种

① 《耶拿时期的逻辑学、形而上学和自然哲学》,拉松版,第 90 页。

② 同上,第 31 页。

③ 同上,第 33 页。

方式却已经是知觉了——就它自己拥有真实而言，当然并没有特意去获取。感性确定性本身已经这样先行证实了知觉的权利和必然性，也就是说，感性确定性之超离的知识超越了这个阶段而被推向了作为知觉的知的知识。

我们先前已经探讨了《精神现象学》给理解造成的困难。这部著作是困难的，**这个情况**无须详细证明，它是**困难的**，这本身也无须过多言表，但看到困难之**原因**，或许是有益的或必要的。原因就在于，这部著作一上来就**绝对地**开始并不断地要求超离的、再建构着的建构。它**立刻**就绝对地开始，这是顺理成章的事情，因为绝对地只能是立刻——要么就根本不是——而不是逐步开始。这部著作向我提出要求，我们自己要不断地处于绝对之中；而对于最有限的东西来说，有什么事情可能会比成为无限的还困难呢？

如果我们——不再附加什么——只是简单地随之同行，那么，我们的领会活动不就与这部著作相符合了吗？跟随，当然可以；可是单纯的重复、查对或追踪报道，甚至短评都无济于事，而我们——现在已经或稍后即将，什么时候都无所谓——会感到奇怪，如果我们什么都不附加，著作就保持沉默。我们至少必须带来一些活生生的问题及其相应的讨论要求，只有这样，内容才能**运动**起来，而著作的内在运动，它的转化是决定性的事情，而不是可把握的细节材料。转化必须进行，但如果我们只是摇摆不定或说来说去，那么这种转化就绝不会达到。

但以同样的方式逼促黑格尔和我们上路的东西，是关于存在之本质的**问题**，追问和回答的方式交织在一起。

黑格尔并没有提出问题，但他对于存在者之本质问题，给出了迫于传统的内在压力所早就要求的回答，他以这样的基本论题来回答：它是无限性。我们通过考察无限性之 1. 逻辑的；和 2. 主体的根据，来简短地解释了一下这个意思。我们已经清楚，无限性如何发源于作为对某物或作为对某物的规定的简单陈述的“是”。这种无限性并不是指把诸

多规定连续不断地串起来，从一个到另一个没完没了，而是相反：从某物返回自身，被规定之物向自身之内反转。这样，被规定之物作为他物返归为同一个东西，而他物同时作为与其差别之物吸纳这个被规定之物于自身，于是，它通过与之相统一而变成无差别的东西，通过与之相同一而仍得以保持。

现在，表面上看令人惊异的是，这个无限性概念，其证明和具体内容都同样是直接在**自我**中发现的，因为自我是现实的东西，它通过设定——“我是我”——将自身区别开来，但这样一来，有差别的东西并没有落到实施区别的东西之外，而是撤回到了进行区别的东西之中并在其中得到保存。无差别之物的这种固有的差别，在自我中成为现实的，因此，逻辑的差别、“规定性”以及由此无限性之逻辑的概念都扎根于自我之中（逻辑作为思想就是**我**思），而这样定了位的逻辑学并不是脱开了自我的关于语句的学说，而是必然要将自我性包含在内的逻辑学。也就是说，与形式逻辑不同的一种康德意义上的先验逻辑，而先验逻辑懂得，正是基于 λόγος（逻各斯）本身是无限的，自我—特性对于思想来说才是本质性的——这就意味着：无限的东西之现实性就是主体，即绝对意义上的**精神**。

第二章　知　觉

第八节　知觉意识及其对象

a) 知觉作为感性确定性和知性之间的中介和过渡

现在,一个新的对象给予了我们,更确切地说,是作为必然从第一个对象中产生出来的东西而给予我们。这新的为我们,即绝对认知者的对象,根据其基本特性,复又或者说越发是一种知识:知觉。然而,其对象性之必然性对于我们来说,作为一种中介的必然性,与感性确定性之对象性的必然性不同,后者的必然性是要去进行中介的必然性,对于中介而言,感性确定性可以说是其可能的、先行给出的牺牲品。

因为我们不仅要跟随黑格尔,而且要在**进行解释**的过程中跟随他,所以在这个地方注意一下接下来的内容非常重要。知觉为我们形成;但它作为超离的对象(处于超离中)恰恰**不**会面对我们,如果我们仅仅止步于刚刚提到的,作为对象的知觉与作为对象的感性确定性之间的差别的话。因为知觉作为被中介的对象,不仅在它必然从感性确定性中**被发觉**的意义上,而同时也是在被设立为**中间物**的意义上是这种被中介之物;这就是说:如果我们现在想要仅仅从感性确定性方面,或仅仅根据其超离的**出身**来理解它的话,其绝对的对象性就是片面的,就不是被绝对地把握的。现在恰恰应该把知觉真正地理解为介于……之间的中间环节,也就是说,无论如何要从另一方面旁观,作为中间或居间的东西,它应该朝着其超离的**将来**被介绍过去或继续斡旋。作为中间

环节,知觉恰恰**向**……**过渡**;超离的运动可以说在其中获得现实的或真正的不安。

在知觉中绝没有安宁,因此在它本身中就必然已经显露出它向之过渡的他物。**在它本身中**——不仅作为必然的**结果**,就像它自己曾是感性确定性那样。属于知觉的同时也属于它**将要成为**的,它在其**过去**和**将来**都**只是**其所**是**。

如果我们在这里有意地指出超离地去认知者之"存在"中的**时间**要素,那么非常清楚,这说明我们由此走出了黑格尔,更确切地说,不是简单地沿着这样的方向超越他——这个方向恰巧还没有对他成为问题——而是说,如果选取这个方向,就会与他**背**道而驰。然而,只有当根本性的难题,即时间问题,**从存在问题本身中发展出来**时,情况才会如此。但如果人们仅仅去查阅黑格尔或其他人关于时间所说过的话,那么这还不够,并且是对问题的完全误解,毋宁说,问题是应该看到,由于已经先行决定了的存在之观念,黑格尔**以和规定自我同样的方式,即逻辑的—辩证法的方式规定时间**。

虽然黑格尔偶尔也会像我们看到的那样言说过去,但从不言说将来。这和这种情况相一致,那就是,对于他来说,过去是时间的一个突出维度;它是正在过去着的、暂时的、总已过去了的环节。

因此,这里出现了一个时间的定位,定位在过去;于是,这里同样又一次指出了——以另外一种,当然,是以非常根本的方式——"十字路口"。

尽管在黑格尔对知觉的描述中,显示出一种与探讨感性确定性时相应的结构设计,但真正的运动还是不同的,更确切地说,不同在于,知觉本身现在作为被发觉了的中间物中介第三者,即知性。正如知觉在某些方面是感性确定性的真理,它作为这种真理恰恰同时就是知性的非真理。

据此,我们确实应该以正确的方式去读"A. 意识"之第二部分的

标题,为了这种正确的阅读,我们已经通过讨论第一部分训练过了。“A. 意识”之“感性确定性”的标题通过“这一个和意指活动”来解释,现在,“知觉”的标题通过“物和错觉”来说明。物和错觉——这一个和意指活动,表面上看似乎是对意识(被意识到的或对……的认知)的两个连续环节的简单并列或列举。然而结果却是,意指活动是模棱两可的,通过表明对象本质上是被意指的,是我的,也就是说,它是对于感性知识而言的,由此而说出,对象之真理返回到作为知觉的更高的真理之中。相应地,现在第二部分标题中的“错觉”一词,也一定比人们最初预想的意思要丰富些。首先这只是意味着,我们在知觉着物的同时也会弄错;就是说,知觉可能时而真,时而假。但这只是对知觉偶尔“发生”的情况的简单论断,而绝不可指望它认识那些必然从属于知觉之本质的,即超离地被知道的东西。然而,被意指的是这一个,就是说,知觉**本身**就是一种错觉,更确切地说,就是不断地欺骗自己或者轻信某物——“**是**”,就知觉之**存在**被超离地把握而言,就好像只有追随黑格尔才能把握得到一样。在知觉本身中已经有一种明智,也就是知性,但明智行为只是作为“诡辩伎俩”[①]。这不是纯粹知性的明智,而是知觉着的知性的明智。因此,在知觉之超离的展示中,关键是要本质性地一道指出,在知觉本身中或为了这种知觉,如何已经形成了明智行为或反思活动,并作为“空洞的抽象”[②]力的游戏而突显出来。这种知觉着的知性是“通常所谓的健全理智”[③]。

正如对于柏拉图、亚里士多德或康德来说,诡辩术和诡辩假象从来都是根据真理,依照**其**哲学根本难题的水准而被规定的,同样对于黑格尔而言,普通知性也具有**其**明确的种类。而究其世系,这种知性就是那自从哲学真正产生以后,就一直发挥着作用的同一种知性。

---

① Ⅱ,第97,99页。
② Ⅱ,第98页。
③ 同上。

然而,我们同样也不能片面地理解对错觉的这种解释,好像仅仅需要指出普通知性在知觉中捣乱,所以在知觉中就出现了错觉,**这**就够了。应该指出的是,知觉,**由于**知觉着的知性栖身于其中,**恰恰因此**而趋于毁灭,它自己本身,即真正的中间和过渡的东西,就是那种绝不居留的东西。

但这种趋于毁灭绝不意味着灰飞烟灭或消散于虚无——中间的东西恰恰不能就其中间性来理解,或者说,不能当作真的转向他物的过渡。所以,人们必须在黑格尔那里,当他谈及毁灭时,同时要在消极的表述中听出积极的意义:毁灭(Zugrundegehen)就是返回到根据(Zum-Grunde-Zurückgehen)。通过知觉的中介,感性确定性才达到知性,并在知性中基于其根据而作为意识的真正形式。于是才形成了包含这三个环节之**整体——意识**(A)——,达到其本身,即变成**自我意识**(B)。

在现阶段,我们恰恰不要忘记这一点,对于我们所形成的第二种知识形式,即知觉,是**意识**,尽管其中已经渗透了反思,但**绝不是自我意识**。正面地讲:知觉仍然还是意识,即一种知识,依照或根据其知识形式,总是或首先要面对作为他物或他在的对象,首先在这些对象中发现它自己的真相或本质。只是,知觉(Wahrnehmung)现在不想把这一个,仅仅**被意指的个别事物**作为其对象;它作为知觉而获取**真实**(Wahre)。但这真实的东西必然是共相,而这就意味着:简单的东西通过否定,就"既不是这个也不是那个"了,它变成了"非—这一个"(Nichtdieses),虽说如此,通过这种否定性,无论成为这个或那个,对于它同样(积极地)都无关紧要(共相的辩证的—思辨的概念)。

就作为意识的知觉——区别于自我意识——还属于直接的知识而言,它所拥有的直接的东西不再是个别的诸物,而是共相,它总的来说是"普遍的直接性"[①]。而像"普遍的直接性"或共相的直接性这种东

① Ⅱ,第86页。

西，恰恰本身就已经被矛盾所侵蚀了，如果真的像我们所看到的那样，共相本质上只能以或作为个别之否定，因此作为中介而存在的话。知觉的这种充满矛盾的本性，本身就根本无法维持，它毁了它自己。

我们必须再三强调：这些不是对意识事件经过的描述，而是以绝对的眼光来看的。只要人们不中断而是幼稚地倾向于这种立足点，就**一定**会感到奇怪，知觉何以会自行毁灭，因为普通知性对此看不出任何理由，而是立足于自身将其看作某种现存的东西。

现在，我们应该通过描述经验的历史，去表明知觉本身如何击碎自己并居间促成他物，这种经验是**我们**听任知觉通过它自己形成而表现出来的。为此，我们必须从那知觉被意识所发现的东西出发。

b）物作为知觉之本质性的东西；物性作为特质之“又”的统一

知觉作为知识的一种形式，最初又是这样来表明其要素的，那就是，一个东西，即被知觉之物，对象，是本质性的东西，而他物，知觉活动是非本质的。因此，本质与非本质之物的差别的分配是片面的，并且这种片面性显而易见。知觉的对象是物，这个物，“这块盐”[1]。作为这个完全自为存在着的、简单的“一”，这个直接统一的“一”，这块白的、咸的、方的、重的等被把握到一起的盐。共同被把握到这一个物之中的，或者说，在被知觉的物中还没有分开的要素，现在在知觉活动，即在知觉之运动中得以分散或展开。而知觉在其中言说的那种陈述，反过来又指出了这事以何种形式发生。知觉不仅仅像感性确定性那样简单地说：这一块盐——在那里，正如所指出的，甚至所说的内容已经不再是言说所意指的对象了，因为盐是某种共相性的东西。而知觉则这样说：这块盐是白的**和**咸的**和**方的**和**重的，等等。感性确定性在某种程度上违背其本来的意向所说的，这块——盐，某种共相——知觉是这样来表

---

① Ⅱ，第86页。

述的,即它说出了这里的这块盐之所**是**。但知觉活动的这种展开的运动是变化不定的,对于它来说,某个简单的对象本身(物)是无关紧要的。

因此,首先应该将那些知觉上真实的东西,就本质发展为对象,而这当然要在相应的水准和光之中进行,对象现在作为从感性确定性**发展出来的**东西而处于这样的水准和光中。由于从感性确定性中发展出来,对象无论如何还是或仍然是一种**感性的**对象,但其真理是共相,而我们把共相理解为**中介了的简单性**。于是知觉本身这样来表达:对象是"**具有多种特质的物**"①。如果知觉之真实应该得到发展的话,这只能意味着,突出那构成物之物性的东西,指出物性如何构成一物。我们又要重新来进行知觉之对象,即物的超离的建构,知觉之全部本质都应该在物上得到应验。

就此而言,黑格尔比照着感性确定性之对象,从突出知觉之对象出发。这绝非随随便便的比较程序,而在于事情之本性,因为知觉对象从感性对象中发展出来,并因此与之有一种历史性的关系,在现象学本身之发生意义上的历史性关联。知觉对象不再是那曾是感性确定性之对象的对象——这一个,仍然停留在黑格尔的知觉例子的水平:这块盐,现在餐桌上的这块盐。知觉不是简单地或仅仅意指"这块盐"就再没有别的了,而是**符合实事地**获取,它认真地把这块盐把握为这一个之**所是**,严肃地认为这个所是的东西、共相就是其对象。而这就是知觉的对象,知觉由此将之把握为其所是的东西。它**是**什么呢? 对象就是在直接说"是"的时候在它上面所把握到的,可以直接被接受或这样来列举的东西。

这块盐是白的和咸的和方的和重的,等等,这块盐这样或那样。由于这一个是这样或那样的,所以它不是简单的这一个;在非一这一个

① Ⅱ,第85页。

中，这一个被扬弃了。非一这一个绝不意味着虚无，而是这一个，同时不仅仅是这一个，这样或那样。以非一这一个的方式之所**是**的，就是内容，而内容源于这一个，源于其所是。是些什么呢？白的、咸的；所以不是**这个**白、**这个**咸——就此，我只是就其所是意指这一个东西，而不是这所是本身；而现在我恰恰把握的不是这一个东西，而是它的所是。所以它是白的、咸的。这一个、对象之所是，其**是什么**，是一些共相。而在这些共相——白、咸——中，这一个、感性的东西的直接性被保存下来。如果我们以其达于言表的方式来把握这块盐，如果我们既不仅仅简单地意指这一个，但也不超出知觉进一步而就在这上面做文章的话，那么，我们就把握到了白和咸和方和重，等等。我们区分这些共相，把它们相互分开，就此而言，我们认为它们很多，同时这些"多"，如果我们好好看一下它们，所有这些相互之间都漠不相关。所有这些被列举的特质都同样简单地只与自身相关——白的、咸的……但这些漠不相关的特质并不是简单地通过单纯的"和"相互并列，而是说，它们作为这些"多"，每一个都和其他的一样，是这块盐之所是。这块盐它是白的，正如这块盐是咸的——它不是简单的白的或咸的，而是"而**又**"。通过这个"又"，表达出"正如是白的，同样又……"通过这个"正如"，这些漠不相关的特质同时取得一致并走到一起。"和"就是漠不相关之物单纯的相互并列，而"又"也是漠不相关之物的相互并列，但同时是在**归并到同一个东西**的情况下，这是"和"所不具有的。

如果不进一步涉及其他的话，漠不相关的"多"之聚集的方式就是"**又**"。这个"又"是物性之媒介，是"多"的简单集合。这种通过"又"集合之可能的方式已经为我们所熟知：这里和现在（空间和时间）。就其简单的这里而言，这块盐**聚集**了这一个**肯定具有的**，但作为**单纯的**这一个所**不**是的特质。"又"是"漠不相关的统一"，[①]更确切地说：漠不相关

① Ⅱ，第 87 页。

之物的**统一**。就物是这样自为存在着的“一”而言，我们通过漠不相关之物的统一明显获得了这个“一”的**一种**特性，通过这种特性表现出，这个“一”，简单的“又”，**本身**就多方关涉。这个“又”会合这么多东西，尽管只是以这样的方式，即，它，普遍的“又”，与众多漠不相关，并且**又**使得这些东西相互之间漠不相关。因此，更准确地说，“又”是本身相互不相干，但又共属的“多”的漠不相关的统一。

我们由此把握作为知觉之对象的有关物之本质的某种东西，即物性，而无须领会物**如何**得以在其中成为每一个其所是的这个物——或者如我们开始时所说的：具有多种特质的物。我们还没有通过“又”对此有所领会，这就表明，这一个不能完全规定诸物之本质，尽管在“又”中的确已经显示出某种属于物的更多内容，即**具有诸多特质**。“又”的统一指示出了这一点，因为“多”之“又”表明它们均质地、相互**漠不相关地归属于**某物，表明了某种被**占有**性——特有一性质。然而，特性之本质和物之本质——两者共同归属——一样，几乎都没有因此而被我们所获得。只有当物性这样得以规定，即我们从其出发领会了它**如何**成就物，也就是说，如何归于其特有品性以及这物性本身之所是，只有这样，我们才能够获得物或知觉之真正对象的全部本质。对于知觉而言，其**对象**就是本质性的东西，但知觉之本质是否因此就真的被获得了，目前仍悬而未决。

c) 作为特有品性之条件的物的排他的统一性；知觉对象之特有品性和错觉之可能性

如果我们停留在知觉所说的“这块盐是白的、咸的，等等”，那么，在这种表述中不仅包含着对这一个的全部**又**之列举，而且这个陈述某种意义上是在强调：这一个是白的，而不是黑的；咸的，而不是淡的；方的，而不是圆的。这个强调中包含着**排斥**相反的东西，而通过这种排他，通常是通过否定，**自行**产生出这一个“又”是的各种内容，即**它的规定性**。

而由于这每个众多的“又”本身都携带着一个相反者，所以，排斥这些相反者的统一就不可能是简单的漠不相关的统一。由于众多本身是相互反对的，其统一就越发是一种对立的统一。“又”的统一或漠不相关之物的统一并没有穷尽物性，毋宁说，作为多方本身相互对立的统一，这种统一是个“一”，这个“一”这样得到规定，即它反对自己并排斥他物。通过这种排他的统一，统一本身包含于自身之内，成为那种自为的统一；这样，物性（又）才首次成就物，成为自为而立的、独立自足的东西。

众多因此才成为从属于一个自为持久之物的属性，这样，“又”中的“多”才变成特有的，成为**特有的品性**。漠不相关（又）的统一和排他（一个而不是另一个）的统一共同归属于物性的完整本质。但如果这种被耦合在一起的统一是众多的简单性，从中就会形成作为特质（Eigenschaften）之众多的特有品性（Eigenschaftenlichkeit）。由此，我们就被置入这样一种境况中，去言说某种超离的东西，关于那些在感性确定性一开始就马上在其对象性范围内与我们照面的东西——它的“财富”。①

感性确定性的财富并不属于它；②也就是说，它无法以**其**认知方式拥有那些被它所意识到的、**从属性的**丰富内容，更确切地说，之所以如此，是因为意指活动意指的只是每个个别的这一个，而不是其所是，也就是说，不是“一”中之多样或众多的内容。而丰富的内容，依其本质可能**从属于**知觉活动，因为恰恰是知觉把握了其作为特质的普遍之所是的对象。某物只可能属于本身就是一种抓取活动的认知，单纯的意指活动对于诸如那些归属或共属性的东西不敏感。

知觉活动本身知道了其知的这种方式，就此而言，当然可以说已经有某种特有的意识对于它产生了。如果知觉之对象必然是物，即聚集

① Ⅱ，第 73 页。

② Ⅱ，第 85 页。

特质的东西，如果它想要把握其真实的话，那么，知觉活动就一定要把握这一个的“其所是”，即将之把握**为**这个或把握**为**这样或那样。在这种把握活动中，那些原则上确实取自众多的东西，却可能因此在对象之所是方面弄错，并将对象认作它所不是的东西；知觉**可能**产生错觉。这种可能性不仅现存在知觉中，有时是有思想准备的，有时是从随便其他什么地方撞上的，而且这种可能性，是把握活动本身，或对象性拥有的那种可能性。这种可能性归属于**对象如何被意识的方式**，因此它是**自觉了的**可能性：“知觉者具有产生错觉之可能性的意识”①。

所有这些都已经说明，知觉中的抓取活动绝非单纯的把握。但它却首先被这样理解，而且与之相关，被宣布为对于对象本身来说非本质的，与之相比不持久的东西，不真实的东西，而真理只能指派给对象。但如果抓取活动还应该有所不同，如果把握活动本身还有可能抓错的话，那么，作为知觉活动，它必须每次都以**正确的**方式来把握。抓取活动本身必须考虑，那是真实的。它必须考虑、设想，顺着那样的思路去理解，就是说，它不会搞错。因此就展开了这样的可能性，知觉之真理并不是简单片面地落到对象上，而且也或者说同样多地发生在抓取活动中。于是，对知觉之对象进行的最初刻画，以及对本质和非本质东西的分派，就包含了虽说还潜伏着的矛盾。情况是否或为何如此，这必须重新从这种知识本身中指明。我们必须使真正的知觉运动起来，并去考察它如何获取其真实的内容——这种真实，我们刚刚在通过其众多的特质对物进行本质规定时描述过。与此同时，知觉之本质中的诸多矛盾本身必然会大白于天下。

---

① Ⅱ，第88页。

第九节　知觉进行中介的矛盾性

我们现在已经可以事先说明知觉的矛盾存在于何处了。它应该就存在于其自身之中。知觉之认知和把握活动不是简单的放任或执迷的意指活动,完全沉醉于它的这一个,固守于这一个,毋宁说,在知觉中必然显示出矛盾,在抓取活动本身中反对这一个。抓取活动把对象认作真实,但因为它具有陷入错觉的意识,所以它以某种方式知道,它,抓取活动,是真实的——是**它,而不是对象**是真实的。知觉恰恰通过其所是,就是说,它就靠这种矛盾存在着,无须认真对待这种矛盾,也无须将之作为那种东西去认识或扬弃。但我们,应该超离地把知觉认作意识的一种方式,恰恰必须在这种矛盾中寻求知觉之真理。因此,我们应该:一方面一般性地指明,知觉如何通过上述方式发生矛盾,所以仿佛总是在转圆圈;然后,应该明确把知觉的矛盾性摆到明处,更确切地说,基于超离地被筹划的知觉对象之本质及其认知方式来做这件事。由此出发必然表明,正如知觉本身自相矛盾一样,它同时超出自身而指向外面,所以本身就是中介者并发觉某种其他的东西,而这种他物只可能又是知识的一种形式——这就是知性。

a) 错觉之可能性作为抓取和反思的知觉本身之矛盾的根据

现在,我们应该在真实的知觉上,或者说在其中形成经验,看看它的情况如何。**我们**造成经验,说得更确切一些,我们让知觉通过它自己形成经验,由此表明:那自行处于"真实的知觉活动"①中的东西,那意识应该在其中形成其经验的东西,现在**才发生**,也就是说,在此之后,知觉之对象才由我们来建构。

① Ⅱ,第 89 页。

对于这块白的、咸的盐的现实的知觉活动——我在这里抓取到的**是什么**，当我通过那种现实的抓取而抓到其真实时，抓取活动本身又**如何**呢？我把握到这块白色的盐。对象最初作为“**纯粹的一**”[①]出现，但这样一来我就不可能把握到它，纯粹的“一”并不展示特质，这些特质是共相。所以，**我**并没有真正把握它，不真实发生在把握活动中，此时对象当然是真实的。但我并不是将其把握为纯粹的“一”，而是当作每次都要求特质之普遍性的“又”，之后马上又表明，我这样做同样也没有正确把握它，因为诸特质是**确定的**、排他的，所以，我将其把握为排他的“一”。但如果我以“又”和“一”的普遍性来把握它，那么我并没有把握到对象，而是其媒介，众多个别确定的特质自为地存在于其中，我在那里把握个别特质**本身**。如若这样，那么我既不是通过“一”，也不是通过与他物的关系来把握那些特质，所以根本没有将它们认作特质，毋宁说，我只是——直接地把握个别的这一个——白。而这样直接地把握这一个就是意指活动，关于对象的知识，我的知觉活动，变成了意指活动。

于是，在真实的知觉中鉴于**其**对象就形成了经验，即拿来(Auffassen)并不是正确的；抓取活动转入意指活动，而意指活动业已转入了知觉活动，所以，在这种经验中，知觉活动**返回到自己本身**。知觉活动靠简单的拿来把握不到真实，而是撤回到知觉活动中的真实，因而**在自身中或在自身上**获取所知觉的真理。于是——与感性确定性那里的情况相应——原本被置于对象中的真理就撤回到认知活动中。

这样，作为知觉的意识在经验中——一定是通过自己而形成的——更好地理解：在超离的筹划之光中被迫返回自身。但如何返回呢？不是返回到那简单的真实，毋宁说，纯粹拿来的东西无一例外都被表明是不正确的。这样，意识就可以把它对对象的拿来活动**与**其知觉

① Ⅱ，第 89 页。

活动之不真区分开来。抓取活动本身需要正确的引导,如果抓取之不真现在“被纠正”,[①]或者说**只有这样**,这种纠正,即知觉活动之**真理**才确实可以在知觉活动中发生。因此,知觉——最初非常一般性地考察——作为意识就突显出来了,作为那种不再单纯抓取的活动,也就是说,不再停留在去抓取者的水平,而是意识到了对自身的反思以及被迫返回到自身的活动。被反思的抓取活动不只是简单的抓取着的抓取;但不一抓取着的抓取本身就是矛盾的。

然而,我们现在必须特意地、超离地处理这种矛盾性,也就是说,我们不可以按照那从一开始就僵死了的黑格尔主义的方法来理解黑格尔本人;我们不允许借助那颓废的、早已病入膏肓的、天马行空的辩证法的鬼把戏来强暴黑格尔。我们应该遵循黑格尔在前言中的教导,“进入概念之严肃性的深度(事实的深度)”[②]。现在应该具体地在知觉之本质中,或者在对它来说真实的东西中,在其对象,在物中惊起这种矛盾性,展现其全部的反对自己和排除自己的躁动。这样就形成了经验,即通过知觉本身成就其真实,尝试保存其真实的方式,对象最终完全被强行打碎。

但这种打碎绝不是简单地散成碎片,而是已经——虽说不被熟知的——在其更高的真理之中,在知觉之本质现实的约束范围内的一种毁灭。在我们听任知觉通过它关于自己的争论所造成的经验中,我们使之接近其超离的真理。知觉之矛盾性的展开,一方面是知觉之真理在消除意义上的扬弃,但同时也是向真正的本质之提升意义上的扬弃。所以,现在我们应该逐步去穿越知觉之真理,它的对象或物在其中趋于毁灭每一个阶段,以便由此最终看到,知觉在这种毁灭中进入到了怎样的新地界。

---

① Ⅱ,第 91 页

② Ⅱ,第 6 页。

b) 作为抓取和反思的知觉中的物之矛盾的“一”和“又”的交替分配

知觉的对象是物,即具有众多特质的“一”。知觉活动本身——结果表明——绝非单纯的拿来,毋宁说,就产生错觉之可能性的意识本质性地从属于它而言,拿来具有对自己的活动、抓取行为进行反思的特点。拿来和反思活动,两者都属于知觉,虽说知觉将两者相互割裂;不仅仅如此,而且在知觉活动中或在保证真正地抓取真实中,知觉利用一方面反思,与另一方拿来相争而从中得利,反之亦然。

这种在知觉活动本身中发生着的争论,在知觉中不断地展开矛盾,知觉再三力争消除这种矛盾,采取的手段是支持一方,并将与之割裂的另一方斥为非本质的或微不足道的东西。我们遵从这种把戏,固守片面性并相互对照,从而看看知觉本身是**如何**自取灭亡的。

对于知觉来说真实的东西直接或首先是物,而这就意味着“一”,**个别的一**。现在,如果在这一个上又出现了其他东西,出现了特质之“多”——白而又咸——那么,这个“又”必然被意识在自身中把握到。因为只有使“又”作为“多”而远离“一”,这个“一”才能纯粹地保存其真理。争论着的知性只能把“一”理解为“一”,如果它把“多”从物上去掉的话。这样,意识就在自身中把握众多的“又”——这当然顺理成章,也非常清楚,因为物是白的,仅就**我们的**眼睛而言;咸的,仅就**我们的**舌头而言;方的,仅就**我们的**触觉而言。我们就眼睛、舌头,等等,在我们自身中把握诸多特质的这种区别,在我们这里拆散它们。我们是公共的媒介,把它们相互驱散,为那些“又”提供场所,而如果我们从物那里把这些众多的“又”拿回到**我们**自己之内,我们就为物保有了它的统一性,纯粹的自身等同性。

这是一条路,在这条道路上,知觉通过浮掠“又”并将其置于抓取活动中而完成了双重化,即物是“一”和“又”。而特质是它们各自之所是,

作为确定的，即作为与其他特质对立的，白与黑对立等。物本身通过这些规定恰恰是其所是的“一”，而**不**是其他。但就物是“一”而言，它不是自在地拥有这些众多规定以及由此产生的对立。统一性是单纯的自身等同性，基于这一点，物作为“一”与每个其他的“一”等同。为了确立为“**一**”而**不变成其他**，物必须自在地拥有规定性本身，所以，物本身必须是“又”，是“多”，是媒介，众多特质相互外在地、漠不相关地存在于其中。

然而，如上所要求的，为了再使物本身保有“又”，知觉活动必须在自身中把握统一。争论着的知性只能将“多”理解为“多”，如果它把统一从物上去掉的话。与此相反是把“多”置于“一”之中，物的确也是这样的——又白，又咸——只出现在抓取活动或意识面前，更确切地说，这时它把物认作白的，**就不**认作咸的**而言**，反之亦然。借这种“就此而言”的帮助，意识保持了相互外在的“多”，并将所有它们这些特质都集中到“一”或物上面。知觉活动其实是通过**这样的**方式来接纳单一存在物，即那些被称为特质的东西，“被想象为**自由质料**”[①]。这样，物就变成了“诸多质料的集合”，[②]而“一”就成了简单的、由抓取活动拿到这儿的、包含着诸多特质的外壳。

这样，一方面是失去了“多”的“一”；另一方面，是消散为独立的自由质料的“又”。无论在哪里，一方想要浮现和保留，另一方就会被驱逐，反之亦然。

如果我们通观所有这些，就会表明：知觉活动交替地不仅一会儿把它所抓取的弄成“一”，然后再弄成“又”，而且把物一会儿弄成“又”，一会儿弄成“一”。对于物本身来说，按照知觉的感受，总还是一再被认作真实的东西，这就意味着：物在其自身中就拥有“对立的真理”。[③]

---

① Ⅱ，第93页。
② 同上。
③ 同上。

开始时，物简单地就是真实的东西；后来表明，就抓取活动是不同的而言，物是真实的，自身等同的东西，现在轮到抓取活动同样也是物之所是的东西。物那里所出现的情况，同样出现在抓取活动中，**所以，真理就是某个环节——“又”或“一”——各自片面地分配给抓取活动或物的全部活动的这种轮流更替**。

对于物来说，由此出发产生了什么结果呢？知觉在所有它没有特意或明确意识到的来来回回地反复的时候，确实一再地返回到物。物本身中的这种运动之映射表明，物本身就是矛盾体。但知觉本身不能允许这样的东西，因为它忍受不了矛盾，它无法忍受矛盾，因为它局限于自身，是有限的知识。因此，在它遇到了矛盾的地方，甚至在对它来说真实的东西那里，它也必然不会放手让矛盾着的各方相互对抗，而是分而治之或将其悄悄地搁到一边。反思活动这样来进行分配，即它再次附加“就此而言”并由此把矛盾着的环节分开。

现在我们要看看，知觉如何，或者说是否有能力维持这种分离并这样来对抗矛盾。

c）物自身中的矛盾——自为存在和为他存在——以及知觉之反思的落空

物本身是“一”，而同样也是“又”，是对于他物的“多”。它只是“一”，是就他物而言，而就他物而言，“一”本身就是他物。以“一”或他物的方式存在，两者都适合于物，但就不同的方面考虑。物是他物，只就其不在自身，而是与他物相关而言。知觉说：这个他物在“一”又是他物这件事上是负有罪责的。比如说，粉笔和海绵：粉笔，这个“一”，同样是他物，只是因为海绵在这儿，而这块海绵本身可能是“一”，对于它来说粉笔现在是他物。粉笔是他物，只因海绵存在着。知觉领会不到，“一”之所以又是他物，并不是因为他物存在着，而是因为他物就是“一”。作为“一”它并不是他物——**不**是他物，也就是说，恰恰本身与他

物相关；这个他物是否实际地存在或不存在，这倒无关紧要。假设真的只有一个唯一的物，那么这个“一”仍然还是他物；因为唯一的当然就意味着，绝对**不是**他物，但也正好是说，不是**他物**。知觉凭其明智手段领会不了这种情况。

物的统一，它的自身等同性，按照知觉的理解，不是从每个物本身，而是从他物上，通过这些他物也存在而碰到的。所以，矛盾被分派到了不同的物上，不同的物在知觉活动中各自被自为地设定。每一个通过他物都是一个他物，都与他物或与对它的意识不同，也就是说，每一个都不同。只是这样一来，每一个都是一个有差别的东西，而如果每一个都是有差别的东西，那么，差别就出现在物本身之中；作为那样的一个东西，作为“一”，它就是一个他物。那个被提出来的“就此而言”（就其他的物存在而言）失灵了。它没有能力使物远离**它的**异在，所以必须听任矛盾留存在物本身之中。

但知觉的争论还要做最后的努力以对抗矛盾，通过再一次求助于“就此而言”——本质或非本质的东西之差别——来实现。因为知觉不能也不想认识到那构成本质、构成物之自为存在的东西，恰恰据说就是这种东西使物及其真理趋于毁灭。于是，知觉进一步辩论：虽然物就其自为存在或单一存在而言是有差别的；但这种差别**不**是物本身中的某种对立，相反，简单地就是其本身所是的被规定之物。简单的规定本身就是其本质，虽然就其自身而言，就其具有多种多样的性质而言，它具有差别，但物借之而成为其本身并与他物区别开来的，就是其“**简单的规定**”①。与这些规定相对的，因此就是现成存在于物中的多样性，虽说也必然要对它出现，但是**非本质的**。

只是，这些最后的“就此而言”没有能力坚持住。物因其简单的规定而**必然**拥有他在本身，而这种他在是非本质的，这情况究竟应该意味

---

① Ⅱ，第94页。

着什么呢？“必然的非本质的东西”意味着什么？就是本质的东西。所以，矛盾就居于物本身最本己的本性中，恰恰就其是简单的规定而言——恰恰就此，而不另做其他考虑，就其自为存在而言，它同样也是他在。纯粹的自为存在就是绝对的否定，通过这种否定，物**自行**与一切他物区别开来，而通过这种自行差别，成为为他物而存在的，即与他物相关的东西。通过绝对的否定，物与**它自己本身**相关，这种与自己本身相关是其自身的扬弃，同时也表明，它在他在中拥有其本质。与他物的关系本质性地属于自为存在，而这种关系却消除了纯粹自为存在的独立性。“与此同时，那些最后的‘**就此而言**’就撤销了，是它们分开了自为存在和为他物的存在；毋宁说，对象**在一种或同一种关照中成为它自己的对立面，它是自为的，就其为他物而言，而为他，是就其自为而言**。它是**自为的**，反思自身的‘一’；但这个**自为的**，反思自身的‘一’，与其对立面，与**那种为他物的存在**处于统一中，因此只是被设定为被扬弃的东西；换句话说，这种**自为存在**与那只应该是非本质的东西，即与他物的关系**一样**是**非本质的**”。[①]

所以，知觉的对象和感性确定性的对象具有同样的命运，尽管其毁灭的历程不同。感性确定性的对象，被意指的这一个，在作为共相的真理中证实。但物之特质之所是的这些共相，知觉认作其真实对象的这些共相，现在从它那方面被扬弃了，而它必然要被扬弃，因为它从一开始就，或者说，根据其感性的来源，就不是**纯粹的**，自身等同的共相。在对感性进行超离的解释中形成的共相，曾是**个别事物的共相**。这种个别的东西仍然是作为共相的共相所关涉的对象，作为它的他物而包含**在**共相**中**，尽管如此，它仍然是自为存在着的对于共相的他物。这种共相被个别事物所制约，因其制约性而受他物之对立的纠缠。为此，作为知觉之对象，即物的共相，必须分散到特质的“**一**”和自由质料的

---

① Ⅱ，第 96 页。

“**又**”中。

而物的这些纯粹的规定性，“一”和“又”，这些似乎表现其安静本性的规定，却以相互转化的方式，更确切地说，在相互冲突的持续不安中展示出来，这种冲突就居于物之本性中。自为存在本身就与为他存在纠缠在一起，物之存在归根到底就是自为与为他的合一。这种统一，对双方都是本质性的，但知觉及其反思没有能力把握这种矛盾着的统一，知觉无法思考矛盾。如果说它也在思考，它恰恰是这样来思考，即它回避矛盾，而试图要回避的矛盾的法则，却恰恰是健全的理智之根本法则。如果统一最终必将展示的话，那么将是在另一个领域中，不是知觉的，而是知性的领域。随着这种“一”和“又”，自为和为他的统一，共相也同样随之变成了其他的东西；它变成了那不再被外在于它的陌生他物所限制的，而是无条件的**绝对的**共相。这样，知觉作为意识的中间形式，是朝向绝对或无条件之物的第一个中介者。

现在我们再反观一下，沉迷于自身的知觉好像真的进入了超离的建构之光中。知觉活动不像感性确定性那样，通过沉湎于自身的拿来活动保持自身，毋宁说，它给**自己把握**真实并这样来反思**自己**。但是，知觉在进行这种反思时，它一会儿从这方面，一会儿从那方面把握其对象，反思在各种“就此而言”或不同方面的引导下进行活动：个别的“一”和众多的“又”的，本质的和非本质的，自为的和面对他物的方面。反思每次总是单方面地抓取那些作为视角来给它帮忙的东西，这方面同其他可能的方面分开来；它活动于或停留在单纯的抽象中。知觉活动的反思着的明智看起来似乎完全处于物及其特质的具体领域，而实际上却活动于空洞十足的片面性之中，它冒充为最丰富的和最具体的思维，其实却是最贫乏的。它只是知性的**幻影**，也就是说，它是知性，本身习惯于被当作“健全的理智”不断地颂扬的知性。

纠缠于自身的知觉，从自己本身出发无法看透其反思的这种冲动。相反，如果知觉进入到绝对之光中，如果它本身被超离地把握为知识的

一种形式，那么就会表明，在这种知觉活动中其实并没有真理，更确切地说，不是一般地没有，而是**根本就没有**，所以知觉才一会儿把这一个，一会儿把另一个冒充为其真理。从超离的角度说——也只有这样——知觉及其冲动才可能，当然也必然被描画为“诡辩伎俩”[①]。诡辩伎俩的最内在本质不仅仅或最初存在于这种不断交替变换的反转中，一方或片面的一方反转成它的另一面，即其同样片面的对立方，而且首先在于，这种冲动对抗那恰恰在其本身中显露出来的东西，对抗趋向真正具体的片面性和抽象之可能的统一。知觉或普通知性反对集聚或获取作为意识之真正真理的纯粹无条件共相，普通知性反对本质上真实的知性。然而，通过这种反对自己的活动，知觉已经证明了知性作为其更高阶段，它不是知觉所可以匹敌的，而知觉现在必然在其中被超离地中介，因为按照基本原则，绝对知识中根本没有相对的停留。

一定要注意的是：只有我们事先牢记，知觉作为知识的一种形式，已经被置入了绝对知识的前景中，我们才能够领会从知觉到知性的过渡；才有继续进展的必然性。这种进展迈向意识的第三种形式，知性。

① Ⅱ，第97，99页。

第三章　力和知性

第十节　认识的绝对性

a) 作为存在论的绝对认识

超离的知识的形式是思辨的中介。这种中介，除了可以说与中介着的中间物明确相关之外，同样已经延伸到某种有待进行中介者，和被中介之物的被中介之所向。在中介活动实施过程中，从未曾被中介之物开始，经过中间物而成为**那**中介之所向的东西，首次被**发**觉。这种在中介活动中被发觉的东西，本身就是思辨的真理。被中介之物是真正在思辨知识中获得的真实，是真实地被发觉的东西，中介本身真正归属于它。

超离的认识活动因此分三步。步骤之所以分为三，是因为思辨的知识被**超离地**、**逻辑地**把握，更确切地说：逻辑的东西——对于 λόγος (话语)而言所特有的——首先就是简单地把某物规定为某物：A 是 B，在其中，B 与 A 的关系作为其规定性被设定。所以，逻辑关系是片面的，而片面性是整体或绝对的死敌。这种片面性并不能通过仅仅**附加设定**另一方而消除。因为目前“消除片面的关系”指的是什么呢？首先反而是说，A 作为 A 与 B 的关系被指出。因此，不是两个仅仅区别开来的、各自都片面的关系被设定，而是说，双方的相互对立性**本身**被设定。作为相互性的东西，它要指出那些不是诸关系，不是片面的、各自自为的东西，也不是那些作为单独的第三方现成摆在它们旁边的东西，

而是要指出那恰恰在其相互性中所蕴含的更高的东西,即绝对的统一。

在简单的陈述——A是B——中,“是”被表述出来。而这个“是”,存在,只能作为思辨的“是”达到其原本的、真实的、绝对的意义,通过中介表达出来。而现在,“简单的”,即片面的语句无法自发地获得思辨的形式,除非那非片面的,已经被扬弃一正在扬弃着的统一的意义,从一开始就被给予的这个“是”。作为分裂一切的这种统一,以及由此一切的不幸,通过扬弃活动变成幸运的绝对,摆脱了纠缠,调和了争执。幸运、纠缠、摆脱或拯救,是黑格尔的绝对概念中一起带有的各种规定。幸运的东西是就这种意义而言的,调和者就是真实的存在者,而按照**它们的**存在,一切存在者在其存在中得到规定。

思辨地把握,**因而**论证性地解释存在,就是**存在论**,而这样一来,真正的存在者就是绝对,θεός(神、上帝)。从其存在出发,一切存在者**和**λόγος(逻各斯)得到规定。对存在的思辨解释就是**存在—神—逻辑学**(*onto-theo-logie*)。这个表述不仅是简单地说,哲学定位于神学,甚至于在这个讲座一开始就已经阐明的概念意义上,本身就是那种思辨的或者理性的神学。鉴于此,虽然黑格尔本人后来曾说过:“因为哲学的对象无非就是神,所以本质上就是理性的神学,是在真理的劳作中延续着的神的劳作。”[①]我们也知道,早在我们有能力通过直接的解释,真正说明ὂνῇὄν(存在者之为存在者)问题与θεῖον(神明)问题之间的关系之前,亚里士多德就已经将本来意义上的哲学与θεολογικὴἐπιστήμη(神的知识)最密切地联系起来。

借助“存在论”这个术语我们表明,ὄν(存在者)的难题作为逻辑问题最初和最终被定位于θεός(神、上帝),而神本身已经被“逻辑地”把握了——在思辨思维的意义上逻辑地把握:“而如果我们对概念的概念

---

① 美学讲座,Ⅹ1,第129页。

一无所知，毫无想象的话，就根本不可能理解作为精神的神的本质。”[①]实事求是地讲，作为精神的神的本质，根本性地先行描画了概念的本质并由此描画了逻辑的特性。

黑格尔曾在其早期的“神学”手稿《基督教精神及其命运》中写道：“神无法被传授或学习，因为它是生活，只能通过生活得到理解。”[②]虽然黑格尔——毫不顾忌反对他自己——直到《精神现象学》时期所经历的转变如此之大，从那句话中表达出来的整个态度如此不同，但后面这句话所表达的与柏林时期《关于上帝存在证明的讲座》原则上没什么两样。因为这里的“概念”不是简单的传统逻辑学的粗糙想法，即意指与众多个体相关的共相(类)，而是**知识之绝对的自我把握**，黑格尔后来仍然还是将之描画为生命。后来所说的概念的概念归根到底同样仍是“**逻辑的**”，但是绝对逻辑的。理解关于神的本质的某种东西，就意味着：理解逻各斯之真正合乎逻辑的东西，反之亦然。

黑格尔的概念——服务于存在论之引导——是扬弃了传统逻辑学的概念，这是以同样的方式表明的，即神的本质对于黑格尔来说，归根到底是在特定的基督教上帝意识中呈现出来的，更确切地说，是通过贯彻基督教神学，首先是三位一体教义的形式表达出来的，基督教神学的那些教义部分，离开古代形而上学就将是不可想象的。

在我们的术语中，存在论以多种方式指向与古代关于存在者问题首要相关的基本问题，其追问的根据在于 λόγος (逻各斯)。与黑格尔进行争辩，就是与他一起，讨论关于存在者本身和存在者之整体交织着的哲学的引导性问题，因此就是与特定的基督教意义上逻辑的，同时也是**神**—逻辑的 ὄν(存在者)问题进行争辩。

我们的路线与黑格尔的相互交错，《存在与时间》指出了方向，消极

① 关于上帝存在的证明的讲座，Ⅻ，第 413 页。

② 黑格尔青年时期的神学论著，诺尔出版，第 318 页。

地说：时间——而**不是** λόγος（参见我对传统“逻辑学”的基本态度）。人们由此看出，我想要把逻辑逐出哲学并加以废除；现在的流言蜚语说，我的哲学是“神秘主义”。对此进行辩护是多余的，也没有必要；我们提及这些意见只是为了阐释之需。非逻辑的——所以是神秘的，非ratio（推理）的——所以是非理性的；由此只能表明，人们根本没有领会问题之所在，也就是说，还没有弄清楚甚至提出问题，究竟**为什么** ὄν（存在者）与 λόγος（逻各斯）相关，其理由何在。真的是不言而喻的吗？如今对“存在论”这个词的使用就表明，人们直到今天还没有察觉到这个哲学之根本问题的内在必然性。使用“存在论”这个词部分是在19世纪，随后当今现象学兴起，首先通过尼古拉·哈特曼（Nicolai Hartmann）得以传播，“存在论的”意味着一种态度，听任存在者全然不依任何主体而自在，所以其内涵等同于“切合实际的”（realistisch）。如果人们这样来理解“存在论”和“存在论的”，那么对于真正的问题来说，它们就只是些比在传统形而上学中更微不足道的头衔，而传统形而上学至少还有存在论的概念，依古代哲学的某种意向，事实上就会遇到这个概念。如今一切都被肤浅化并醉心于单纯沿着路线和口号进行工作。

鉴于《存在与时间》的标题，人们可能会谈及存在编年（Ontochronie），在这里，时间（χρόνος）占据了 λόγος（逻各斯）的位置。但两者只是简单换了位吗？不！毋宁说，一切都要从根本上或本着追问存在之本质性动机重新展开说明。应该指出——以便从黑格尔出发去表述——概念不是“时间的力量”，[①]毋宁说，时间是概念的力量；就此，黑格尔在“时间”中所领会到的当然不同于我们，他所理解的根本上无非就是传统的时间概念，和亚里士多德所阐明的一样。

“存在—神—逻辑学”这个术语给我们指出的应该是存在问题最核

① 见《全书》，第258节。

心的定位,而不是与某种科目,即所谓"神学"的关系。逻辑的就是神学的,而**这种神一逻辑的**逻各斯就是 ὄν(存在者)的 λόγος(逻各斯),在这里,"逻辑的"同时就是:思辨一辩证的,在中介的三个步骤中行进着的。

那样一种中介的成果,思辨的真理,只要它们本身不再单独被置于一方,以便作为成果被继续传递或颠来倒去的话,当然就是真实的,更确切地说,它们作为思辨的真理,本身就对它们自己正在扬弃着的中介有指令或要求,等等。"等等"这个术语,不是在无限继续的意义上,而是应该注意那通过思辨的认识活动已经被设定的东西,即绝对,思辨之最初开端以及正在返回到那里的终端之形式、广度和能效,都因此而得到规定。

黑格尔在这里所表述的,我们也可以这样来理解,我们说:存在在这里被规定为无限性。存在绝不是无限的东西本身,毋宁说,"存在是无限性"这话的意思是:存在具有在思辨命题中被设定性的基本含义。如果我们反过来说:存在是有限性,这并不就意味着一个简单的反命题,好像我们想要反对黑格尔说:存在是简单命题——A 是 B——中的被设定性。毋宁说,"存在是有限性"对于我们意味着同样纯粹形式性地去解释:存在作为**出位的**时间之视域。因此,我只想说,对存在的解释不仅内容上与黑格尔不同,而且解释本身之基本定位——逻各斯和时间——也迥然不同。所以,这不是简单的形式上的"非……即……"哲学的争辩根本就不允许处于这种非此即彼的状态。我们只想由此点出,如果我们在存在问题上与黑格尔遭遇的话,我们是从什么样的维度出发的。

在解释的这样一个段落——向"力和知性"过渡的环节——我们要回想一下绝对知识的难题和特性。为什么恰恰在这里必须马上指出呢?对思辨认识的阐释有意停留于形式,所以并未谈及其对象内容性的特征。**"科学"**对于黑格尔来说意味着**绝对的**认识活动或知识,而科学只能在体系中或作为体系而成为绝对知识。体系有两部分,更准确

地说：它通过两个实施方案来表达或展示。第一个是精神现象学的科学，它对于对象具有思辨的辩证的认识：**知识**。第二个是逻辑学的科学；它正是通过为它构建那些规定性之整体的东西来展示这种绝对知识的，在其中，任何思辨地被知道的东西都必然事先就被知道了——粗略地说：展示在绝对可知的东西中所知道的东西之范畴性内容。而两者，绝对知识的形式以及在其中所知的方式，并不是截然二分的，毋宁说，作为共同归属的东西是合一或同一的。这**一个**整体，绝对知识，就是思辨认识的对象。这就是说：这种对象并不作为第二个对象与思辨认识的相对立，毋宁说，这种思辨认识本身就是绝对的自我意识，就是精神。

b) 物的矛盾性在其作为力的本质中的统一

精神现象学的第一个对象是意识，知识最初直接与它的对象，作为它自己的他物相关，而无须知道这种情况，即对象对于意识自己本身是他物。直接的意识，感性确定性，作为关于其对象的知识就此被主题化，并相应地通过两个称呼：这一个和意指活动而被标明。从感性确定性发展来的其自己本身的对立面是知觉，它同样或者说相应地被双重描画：物和错觉。为了标明知觉着的知识，提出了“错觉”，以便恰好——前面已经讨论清楚——指明知觉的**反**思特性和**自己**弄错的特性，并且弄清楚，抓取真实绝不再是盲目的活动，而是抓到自己这里，是某种深入自身的知识。感性确定性和知觉之思辨的中介形成了现象学第一个思辨的真理，即对作为意识的知识之超离的认识。这种知识就是**知性**，黑格尔用最初使人感到奇怪的术语“**力**”来表述它的对象。

这一个的真理就是物，而真理或物的本质就是力。感性确定性的这一个是个别事物；知觉的物是共相，更确切地说，是通过它自己的他物，通过个别事物来规定其所是的共相。这一个决定物之共相。其普遍性是有条件的，因此——由于与外在于它的他物相关——是有限的，

不是绝对的。但现在,共相是直接知识之对象的真实,然而,只有当它不是有限的、有条件的,而是无条件的共相或绝对共相的时候,这种真实才会是真正的真实。这种自在的共相,不是在其旁边或其下面,而是在其自身中拥有个别的共相,或本身必然在个别中展开的共相,这种无条件的共相,黑格尔用**力**这个术语来描述之。这个名称,尤其是这样被称谓的物之本质,并非立刻就可以理解。为了在这里有所洞见,必须牢牢把握一般背景关系。我首先历史性地阐发它们;事实性的,因此夹杂着本质性的阐发,将通过解释 A 章节的第Ⅲ部分来进行。

力,物之本质。因此涉及——就形而上学传统而言,这传统对于黑格尔来说,在这里和在其他任何地方一样都很明确,无须他对此过多言表——对本身现成存在着的存在者之本质的规定。这些东西首先是个别事物,立足于自身或本身独立的物,所谓的实体。实体之实体性表达出物作为其所是的东西,**如何**现成存在的方式;按照传统术语,existentia(实存)的方式,康德的意义上其存在(Dasein)的性质,现实性。现在,黑格尔——历史地看——如何将物之现实性的本质问题冠以“力”的头衔?

康德在《纯粹理性批判》中对自然的存在论问题展开过讨论,讨论如何本质上去规定那些现存的、可通达我们的存在者,规定这些存在者之**所是**和**如何**存在的问题。存在者之存在的规定叫作范畴。规定现存的东西之所是,essentia(本质),那东西之可能性的范畴,康德称之为“数学的”范畴,规定那东西的如何存在,现实性的范畴,他称为“力学的”范畴,这里的 δύναμις 就是起作用的东西,力。按照康德,力学范畴的第一组包括以下三方面:

1. 属性和实体(substantia et accidens);
2. 原因性和从属(原因和结果);
3. 协同性(主动与受动之间的交互作用)。

很清楚:这里总是提到两个范畴,但不是简单数字性的二,而是相

互关联的二，所以康德在共同的“**关系**”标题下提出这力学范畴的第一组。

第一个关系——实体和偶性——经过相应的变化，黑格尔已经在解释作为知觉之对象的物之物性的时候触及了。人们现在可能会想到，作为物之真理的知性的对象应该就是最近的力学范畴，即原因性。虽然这个范畴在黑格尔的讨论中出现，但一切还是打着“力”的招牌，康德并没有以这种形式或功能认识到这个范畴。然而，黑格尔对物或作为力的实体之真理的规定恰恰指出，康德力学范畴的难题如何首次真正从根本上得到把握并被思辨地渗透于其中。

因此，如果我们只是说：黑格尔对作为力的物之本质的范畴规定以某种方式取自康德，那这对于理解来说根本不够。这种论断是正确的；但只要仅停留在正确的层面，就仍然是言之无物。人们关于这方面的论断汗牛充栋，亚里士多德继承了柏拉图，笛卡尔承袭经院哲学，康德取自莱布尼茨，黑格尔来自费希特云云。但这些历史论断自称或臆想的准确性不仅草率肤浅，而且如果仅限于此，那人们还可以默认其卓越的自鸣得意和无害性，可是，这些历史性的声明此外还会产生误导。借口说此类情况如何现实地存在在哲学中，这丝毫不触及哲学活动的现实性。我们所说的——黑格尔对作为力的物之本质的规定回溯到康德——是正确的但言之无物。如果我们还想要试图后退到莱布尼茨，说明力的概念对于实体之实体性的意义，或前推到谢林，记录其自然哲学或先验观念论体系(1800 年)对黑格尔的影响，这样做同样没有说出更多的东西。关键在于，黑格尔如何将这一切接纳、渗透和转化到**他的**疑难问题**之中**——“**他的**”不是指个人的灵感创造，毋宁说，“**他的**”是前人的实质性完善和发展。

我已经强调过，《精神现象学》基于什么样广泛的研究基础，而我们通过耶拿手稿对此有所了解。在界定无限性概念的时候表明，黑格尔耶拿时期及其他时期的著作中就充斥着与康德的范畴学说的争辩。而

康德是以判断表为引线，也就是说，以逻各斯的形式提出范畴表的，因此，黑格尔同样——批判性地为全方位的开始做准备——在"逻辑"中思辨地贯穿范畴；他当时还把这种逻辑与形而上学区分开来，虽然"逻辑"对于他来说已经采用了与传统经院逻辑完全不同的形态，即一种现实地建构着的先验逻辑，这方面费希特已经是他的先导。黑格尔同样在"关系"(Relation)，或者如他所言，更确切的专业术语是"**关系**"(Verhältnis)的标题下来理解实体性、因果性和交互作用的三环节性质。"关系"是一个非常明确的思辨概念，也就是说，对于黑格尔而言，关系不仅仅像在康德那里被理解为一个无关紧要的大标题，与其下包含的内容毫无关系，只是道出这些东西是联合在一起的而已，毋宁说，黑格尔**从**关系之本质**出发**发展所提到的范畴，或者说，他通过这种发展来揭示关系之本质。这种完全思辨的发展是以"力"的概念为引线进行的。

"力表达出诸关系本身的概念"。[①] 力的概念的思辨形态就是**关系**，就此而言，关系本身就是思辨的概念。如果我们试着回想那样一种关系的概念，那么就会表明：关系无非就是**无条件的**、绝对的共相，个别不是漠不相关地从属于其下，毋宁说共相在自身中拥有，或者说**保有**着个别，是个别之统一和根据。关系不再是漠不相关的关联，似乎偶然地被拖到诸关联环节之上，而是说，关系是保有者，使它们保持为那样的环节，这样来保有，以使它们可能成为其所是的东西，关系的诸环节由这种关系所"保持"。作为关系的力也不能和因果关系相提并论，毋宁说，力只能与如下说法一道表达这种关系："力的概念超越于……因果关系之上；力本身联结关系的两个本质方面，同一和分离，更确切地说，前者是作为分离或无限性的同一性。"[②]

---

① 《耶拿逻辑学、形而上学和自然哲学》，拉松版，第50页。

② 同上，第49页以下。

但就作为知觉之物的真理的有条件共相,应该被扬弃在作为知性之对象的无条件共相中而言,无条件的共相就是我们要寻求的东西。如果在力的标题下的知性之对象就是关系的话,那么,把知性思辨地、无限地规定为这种对象之知识的方式,就因此和克服康德那里用知性尺度有限地把握知性成了一回事。因此黑格尔说,对于知性而言,原理就是“本身普遍的统一”;[①]不是两个独立极端为此而连向一起的统一,而是那种本身就发展成为它们之间联合之所在的统一,或者说,作为联合着的统一,本身就是它们的关系,甚至说,被联合的东西本身就是关系。

对于康德来说,那成熟的、从许多未展开的传统要素中集合起来的判断表,为展现或整理范畴表提供引线,而对于黑格尔来说 1. 判断表是有问题的,更确切地说,是由于话语根本上就成问题;2. 因此,判断之本质的思辨指向的规定及其可能性,变成了范畴本身[②]的**思辨性根源**。所以,康德对判断和范畴之关系的思考,被黑格尔真正以哲学的方式采纳了,也就是说,从一种独立的疑难问题出发被重新发展了。但就此而言,判断(λóγος)和范畴的关系从古代起就已经发挥着作用,并且如果我们注意,λóγος(逻各斯)的 λέγειν(说)的**那种**基本形式就是κατηγορεῖν(指责、范畴),那种关系就会映入眼帘。

对于康德来说,在《纯粹理性批判》中,特别是在第二版中,知性不仅成为规定直观中被给予的可规定之物的能力,不仅是服务于直观的意义上的规定者,而且是以在认识中起着支配作用的要素的方式的那种规定者。而认识是对现存事物、自然、诸物以及就其普遍的存在(Dasein)对我们显示着的个别之多种多样的认识。但对于黑格尔来说,对意识进行思辨地解释的任务恰恰是,**从**这一个**出发**,或**通过**知觉

① Ⅱ,第 114 页。

② 见下文,第 168 页及以下。

之物性从它那方面发展**到**知性的对象来展示物性之本质，那种知性把物思考为实体、因果性或交互作用，思考为关系。**关系**被冠以的头衔就是“力”。

这样，我们就通过《现象学》的问题的历史性关联，理解了第Ⅲ部分的标题“力和知性”。

c）有限的和绝对的认识——“现象和超感的世界”

第三部分的标题中还包含进一步说明的标题：“现象和超感的世界。”我们很容易由此推断与康德的更多关系，与他区分现象和物自身的关系（智性的对象，智性的与感官的、“感性的”相对反的概念）。当然：康德的概念在这里同样也不能简单地搬到黑格尔名下，黑格尔的这种表述必须**从**力的概念的问题**出发**来阐明。另一方面，康德“现象”和“物自身”这些术语也同样不是自明的，而是需要从《纯粹理性批判》的引导性问题，也是形而上学的引导性问题出发来进行解释，这些可以到我的《康德书》中所论述的内容中去找。我在这里假定那里所说的已经清楚了，现在只需提到一点：现象和物自身的区分根源于有限和无限的（绝对的）认识之区分。而现在，当黑格尔在A章节第三部分的标题中提到现象与超感世界的这种区分时，那么由此就表明，随着对作为力的知性之对象进行思辨的解释，同时有限的相对的知识就迈向了绝对知识的领域，**理性**，或者干脆说就是绝对，发出了第一次声明。或者，正如黑格尔在讨论意识的整个A章节的结尾处补充到：“这帷幕［朴素地理解的‘现象’］……因此就撤掉了［即原来遮在绝对面前］。”[①]当然，我们并不因此就可以像盯着一个现成的讲台那样简单地去盯住绝对，毋宁说，思辨的领会才刚刚开始。

精神现象学作为意识，意识之真理在知性中被展开，作为知性，对

---

① Ⅱ，第129页。

于黑格尔来说,有着历史的一事实的核心意义:1. 在与片面的知性或反思性哲学争辩的意义上,它们仍然停留在有限性——即逻各斯或知性——的水平,现在应该针对这种情况把知性发展为理性,也就是说,绝对地把握它;2. 在为明确论证观念论的绝对立场做准备的意义上。

标题的第一部分——"力和知性"——着眼于在其中所知道的东西和认知的方式,简单地指明了意识的第三种形态。与此同时,标题的第二部分——"现象和超感的世界"——表达出,知性如何恰恰通过把现象把握为对象,从而超出了感官世界,即感性事物的世界。这绝不仅仅意味着,作为意识方式的知性扬弃了作为直接的意识方式的**感性确定性**,而是意味着更多实质性的东西。当然,感性作为这一个的知识也还——虽说被扬弃了——存在于作为知觉之对象的物中,同样存在于知性的对象中。无论哪里,只要还有意识,只要所知道的对于知识还是**一个**(不是**他的**)他物,那里就有感性。感性之特性涉及所有三种意识方式,正因此它们有一种本性:相对知识。如果超出感性而以知性开始向超感性领域过渡,那么知性就通过它在自身中扬弃感性确定性和知觉,同时成为意识由此超越它自己的**那种**方式,更准确地说:这种超升通过意识之扬弃的历史或在这历史中**展开**,但还不是特意通过知识本身而发生。

鉴于目前所指明的"现象"和"超感世界"概念的核心角色及其与知性问题的关系,还是应该简短地——在主题性的阐释 A 章节第Ⅲ部分之前——描画一下这些概念的特性,现在只能浅显地或报道性地描画。为此,我们要从朴素的、对感性和超感世界之区分的说明出发,而这种区分在康德和黑格尔时代同样还流行着,康德通过其《纯粹理性批判》给予这种区分打上了一个明确的,更确切地说,形而上学的印记,而没有进一步充分提出问题。黑格尔对康德的批判同样定位于这种流俗的阐释。

此后,诸物,正如我们所想象的那样,就成了现象,可以说是现存诸

物的排列。同样,仍如我们那样的想象,我们想象超感性事物,而这种东西现存在现象之后。我们的感性表象活动背后的根据是不可通达的,这正说明,可通达性被思考成了一种表象活动,原则上和对感性事物的表象活动具有同一种的特性,区别只在于,还要继续逼近,于是在感性事物之后出现。这样,现象就是现存的外表,在其内部还有某种现存之物。定位于这种流俗的概念,黑格尔多次并且在某种意义上以专门术语的形式谈及**内在**,此外,内在当然还是有意识地定位于主体之内在性意义上的内在。这种流俗的看法并非康德的理解,现在我们不必继续说明此事。

而现在,如果黑格尔把这种理解现象和物自身关系的方式归于意识,于是在某种意义上同样归于康德的话,那么,他就会同时在其思辨的批判中与此相关,虽说与康德的真正意图不一致,但还是能正确对待之。黑格尔正确地强调说:现象本身——或者说,某种本身可以被称为现象的东西——根本不存在;现象就是,被**认作**现象,**与它本身不同的东西**之显现。就显现者首先或直接自行显现着而言,它作为这个自行显现者,由此以它的方式展示为显现者。现象——显现者作为浮现着的外观——作为展示者,即他物,同时或原本就是这种他物。显现者作为展示他物的自行展示者,是直接的东西,而作为他物的展示者同时又是中介者,于是,现象的概念再次跳进一般知识之对象性的特殊的思辨特性之中。但是这样,我们却还没有把握到黑格尔现象概念的**一种**基本特性,现象概念首先显示出黑格尔如何把这个概念作为一个存在的概念,纳入与其一般存在的思辨概念的关系之中。

作为中介者,显现者与有待发觉者相关。而有待发觉者,思辨地理解,总是更高的东西,原本的真理。因此,当黑格尔把现象**认作**现象的时候,他必须或必然要把本该展示这现象的基底,即超感世界理解为现象在其中被扬弃的它的**真实**。由此就形成了进一步的,对于黑格尔现象概念的解释至关重要的结果:现象作为显现者不仅是**自行显现者**,而

且，自行显现就是**浮现**，显现意味着到位、到达，而不显现则意味着不出现。所以总的来说，显现意味着：**浮现或消失**，由此，我们把握到了现象之特殊的**运动性特点**。这样我们就把握了现象其特殊的**辩证**特性，现象以这种方式获得了成为思辨的基本概念的资格，其意义由此而表达出来，那就是，它已经出现在著作的标题中了：现象(Erscheinung)、现象(Phänomen)、现象学(Phänomenologie)。显现因此意味着：浮现，**以便**再消失；消失，以便**在此**给他物或更高的东西让位；这种是与非之转化，在规定现象概念的时候，结合着对《现象学》标题的说明[①]，就已经指出过了。

康德所持的看法是：如果或由于**我们**所经验的东西是现象，所以**我们的**认识的对象就是**单纯的**现象。黑格尔反过来说：如果对我们来说首先可通达的东西是现象的话，我们的真实对象恰恰就必然是超感性的东西。如果意识之对象性的现象特性被设定了，那么，物自身或超感世界的可认识性，恰恰在原则上得到了证实。这样，我们就理解了标题中为何把"现象"和"超感的世界"结合在一起。这是在说：两者不是不同的东西，而是一回事，在思辨意义上是同一个东西。"超感性的东西因此就是**现象**，作为**现象**的现象。"[②]

把黑格尔关于物自身的可认识性这个论题，与那些超感事物的可认识性或不可认识性等量齐观，那是完全错误的，它们为普通知性所怀有，好像黑格尔曾断言过某种想象中简单而直接的进展，穿过现象的帷幕，到达遮掩在背后的东西。毋宁说，现象之现象特性从一开始或只能被**思辨—辩证地**把握**为中介着的中间物**。我们在这里遇到了"**中间物**"的一种新特性。在古代关于作为 συλλογισμός(推论、演绎)的 λόγος(逻各斯)的学说中，就已经谈到了中间物，μέσον。考虑到这种关联，黑

---

① 见前文，第 34 页以下。

② Ⅱ，第 111 页。

格尔同样把作为中间物或中介的现象之本质把握为推论的 μέσον(中项),在那里,**推论**也不是在形式逻辑上简单的语句推导意义上来理解的,而是在思辨地**联结**在一种更高的统一的意义上,作为命题和反命题之综合来理解。推论是真正的联结者,可以说上述两端之联结者,通过这样的方式,即导向从一个极端到另一个极端的中间,更确切地说,应该被联结起来,即真正在其关联性中相互把握,真正在其共同归属性中把知性一方,和物自身另一方把握为同一个东西。

所以,现象作为联结者,就是夹在知性中的媒介或主要部分,作为知识的一种方式,当然,这种知识在《现象学》中一直是"我们的[超离的]对象"。"**我们的对象**因此从现在起就是推论,这推论包含它的两端,物的内在和知性,包含它的中项,现象;而这种推论的运动进一步规定了知性穿透中项在内核中的那些发现,并且形成了知性所造成的对于这种被联结关系的经验。"①而与之相应:"一旦提升到知觉之上,意识就呈现出通过现象之中项与超感性事物的联结,通过现象它就直观到这背后的东西。"②

还应该指出两点:1. 看到内在的东西,即物自身,绝不是直接走到现象后面,似乎有某种特有的、直接导向内在的后门可走,毋宁说,始终只能或恰恰是要穿过**作为中项的现象**,现象必须被把握**为**现象,把握为中间的东西;因此 2. 这种穿越只有在中间的东西清楚明白地作为那种中间的东西,作为中介时才是可能的,但这就是绝对知识本身。**只有绝对的认识才认识物自身**。

就这种信念而言,康德和黑格尔同路,区别只在于,黑格尔要求把绝对知识理解为可能的**我们的**知识,而康德却否认关于绝对的本体性理论知识对于人的可能性。当然,黑格尔所要求的绝对知识,也不能等

---

① Ⅱ,第 110 页。
② Ⅱ,第 129 页。

同于通常所指的理论知识;就其接近康德而言,康德也确实在实践意图和视域中赋予人以绝对的认识。(详细地做如下讨论是多余的,即,黑格尔在谈及作为推论之中项的现象时,并没打算去宣称我们对物自身的认识是一种"推论",借助它的帮忙,我们从外在**推论**到内在或背后的东西。推论活动的这种特性,今天同样还常常被招徕作为物自身可通达性的先决条件,这是最肤浅的,在最低劣的有限性意义上发生的有限认识方式,完全或根本不适合于绝对的认识方式。举个例子:我从烟囱上冒烟推论出房子里有火,这究竟是不是一种推论,就像通常所要求的那样。)

物自身对于黑格尔来说事实上是可通达的,但只有当我们严肃对待绝对知识时才行。而如果物自身是**绝对**知识的对象,那么,这种对象恰恰不再可能是**对**象,不再可能自发地作为**异物**或**他物**与绝对知识**对**立。所以,这种知识不是绝对的,它完全或根本掌控不了它所知道的,而是在前面说明过的意义上是相对的知识。如果物自身是绝对的所知或可知之物的话,那么,它就会失去其**对**象特性,也就是说,真正的**自在**,成为一种**本然的**、自为性的东西,即那种从属性地被规定为一个本己,知道自己作为它自己的东西。我们——绝对认知者——认作物自身的,就是**我们自己**,但始终是作为超离的认知者的我们。绝对被知道的东西只可能是知识以进行认知的方式所产生的东西,或只能作为这样**产生着的东西**(Entstehendes)处于知识中;不是对象,而是——如我在其他场合所说的那样[①]——**被产生的东西**(Entstand)。超离的知识所相关的是被产生的东西;更准确地说:它不再有所相关,因为不再是相对的——绝对知识把握**自己**(Sich-begreiffen),是"概念"(Begriff)。[②]我们在那种知识中使之产生的某种东西,不是相对的对一立之物,而是

---

① 康德和形而上学问题,第4版,第29页。

② Begriff的意思是"概念",但也可以理解为begreiffen(把握)的被动式名词化,即"被把握的东西"。——译注

一种绝对的被产—生之物，只能在其产生中或作为其产生活动而立于绝对知识之历史中。绝对可知的东西决不能是对象，而只能作为被产生的东西，处于知识本身的产生活动中。我们自己作为超离的认知者，使物自身站立起来，我们在其中所认识的，是**我们的精神**。

所以，想要看到超感性的东西，我们自己就必须走进那里，我们自己成为超离的认知者。我们自己必须走进那里，不仅是由此而真正走向通往超感事物的道路，对真理的考查由此而绝对地实施，而且，我们在认知中所瞄向的那里，由此才真正**有了些东西**，一些对于绝对认知者的我们自己的东西；因为只有**这样**，才**有**绝对可知的东西——只要物自身本应就是那种东西。在这个意义上，黑格尔在讨论意识的整个A章节的结尾处强调说："这就表明，在所谓遮蔽着内在的帷幕后面，什么也看不到，如果**我们**不亲自走到那后面的话，因此被我们所看到的，和幕后可能被看到的一样多。"[1]如果人们依仗其完全健全的理智，只是简单地把"我们"如此理解为刚好沉迷于著作中的读者的代名词，那么，一切就全然成了无稽之谈。相反，我们要说明的是，从著作的第一句话就已经开始，并且一而再再而三地要去思考这个"我们"，思考它的意义及其角色，这有多么的关键。[2]

对于知性之本质的思辨经验的结果是，其真正的对象是物自身，也就是说，某种有关自我意识之本己的东西。而现在，由于知性作为**意识**上演——并且只可能作为那种东西上演——而不**是**自我意识，于是，它无法在其真实的对象中认出它自己。知性或许认识物**自身**，由此和自身性**有**关，但没有能力把这种自身性把握**为**本己性。所以黑格尔说："因为才开始，**我们**必须代替它而成为概念，概念发展出结果中所包含的东西；在这种发展了的、作为一个存在者呈献给意识的对象上，它首

① Ⅱ，第130页。

② 见前文，第65页。

次成为把握着的意识。”①

如我们所知，黑格尔在《现象学》一开头就说：“我们”必须代替直接知识或意识，因为否则相对的东西就会停滞不前；相对事物之本性就是，在其位置上顽固不化。但现在，黑格尔也没再简单地说：我们（通过相对知识）代替知性的位置，而是插入了：“因为才开始”，这就暗示出，知识本身随即变得如此漫长，更确切地说，绝对地认识它自己变得如此漫长，于是“我们”就变成多余的了。但这只是说：如果随着绝对认知着的知识的实现，超离的状况本身确实活跃起来的话，那么，虽然还不是绝对地认知着的，但其实确实是绝对的知识，与那超离的认知者之间的差别就消失了。

于是，我们就可以把对整部著作非常关键的这个部分的远景之基本特征拉近一些了。这个章节是系统地描述或论证以康德的基础和提问为出发点的形而上学，到德国观念论形而上学的过渡，描述或论证从意识之有限性到精神之无限性的过渡；从知性之特殊的难题来看：就是从对物自身之**消极的**规定向**积极的**规定之过渡。

现在，我们要遵循几个主要步骤，跟随那知性在其中认知着与其对象相关的运动——从知觉走出来——扬弃这种与其中包含着的感性确定性合一的知觉，以便提升它本身，并由此将意识提升到意识的真理中，这种意识从根本上说就是**自我意识**。

① Ⅱ，第101页。

第十一节　从意识向自我意识的过渡

a）力与诸力的游戏；为他存在中的自为存在

现在，要求我们与知性之运动同行。这种同行，我们指的是什么呢？并不是指：注意那个过程，比如最强有力的理智面对比如“被直观”的对象云云。而是说：超离地在领会中追随意识的这种形式之内在关联的相互性和多面性，黑格尔称之为知性，**到达**其所知之**本质**，反之亦然。所以，这就是“知性的辩证法”吗？当然；但这意味着什么？辩证法——正题、反题与合题的三步序列——我们现在应该把它用到知性上吗？可是如何应用呢？知性是什么，它与其所知之物的关系是怎样的？

这对于“辩证法”确实是一件好事，但根本就没有“**那种**辩证法”，好像一个恰好在这儿的磨坊，人们可以把随便什么倒进去，或者按照口味和需要调节它的机关。辩证法与**事实本身**相处相伴，如黑格尔就把它确立为哲学的事实。说得更清楚些：人们不能迁怒于辩证法，或者拿恢复黑格尔哲学作赌注，同时带着同情的微笑或睁一只眼闭一只眼的态度，把他的比如说基督教信仰、基督学说及其三位一体学说置之脑后。如果人们这样做，那么，一切黑格尔主义都将虚假地嘎嘎作响，而黑格尔本人则成了一个可笑的图样。当前情况下，我们绝不是要把知性弄成主题，从随便什么地方了解一些关于知性的随便什么内容，以便随后把这些了解来的特性通过辩证法颠来倒去；毋宁说，知性之所是，从超离的开端起就已经先行被规定了，而**通过**辩证法将被弄明白。

对于黑格尔来说，知识之**整体**——《精神现象学》的每一页都表明了这个整体——在于先行把握超离的建构，这种建构本身接收到了它真正的动力，而动力来自于形而上学之引导问题的内在历史。而要做

的是，在这种建构的内部，把每一种知识的方式本身，从它**自己的**事实内容中发展出来。这样我们就将看到，知觉并非轻而易举地就被中介到知性，只不过是从中跳出某些别的东西，毋宁说，我们将面对真正超离地澄清知性之本质的现实的工作。即使我们——从耶拿手稿可以看出——不知道，《精神现象学》中寥寥几句被浓缩的话语，常常以多么广博而透彻的研究为基础，即使我们不知道这些，它们也必将通过所谈论的诸多关联之丰富而变得清楚。

知性，应该是目前讨论的主题，就其没有真正参与纠集其对象的本质规定而言，作为知觉活动不断与之相对抗的东西，已经在知觉之超离的本质中预示了。知觉之对象就是物，物作为物是具有多种特质的物。物之物性就是个别的这一个之所是的性质，即共相，这些共相，即物性具有其本质的要素：众多特质的"又"和独立的对象之统一的"一"，我们刚刚称之为物。"又"和"一"各自在知觉中轮流登场相互反对，偏执于某一方，尽管它们双方同等重要地属于知觉之本质。其中的一个本质环节是共相，但要被其他环节所制约。普遍性不是无条件的，对象的两个环节在一起——"又"和"一"——并不就是真正的统一，所以，这种统一以其分离为根据，本身就是骗局，毋宁说，这些环节简单地相互分离。只有在诸环节之真正中介着的统一中，在它们**内在的**统一中，普遍性才是无条件的被中介的简单性，是绝对的共相，并因此成为意识之对象的真理。

关键是要考察，知性之对象是否或在何种程度上，包含着这种**无条件的普遍性**。诸环节与统一的相关性，作为**内在的**关联，作为诸环节在这种统一中返回自身，这意味着，这里现存着一种"反思"。而这种反思对于作为知识之方式的知性而言，最初只是对象性地现存着，知性撞上了内在的东西，但后者必然对之保持**空无**。知性不知道**自己本身**就是那以其对象构成对象性的东西，恰恰就是这种无条件的普遍性。因为知性同样还是意识的方式，在对象中——按照其特有的知识性格——

拥有它的真理，所以，知性之本质的问题，就再次作为其对象之本质或真理的问题而开始。

通过先行把握，而同样更多是外在地、历史地、偶然地讲解第Ⅲ部分的标题，我们已经表明，知性的对象**是力**。现在事实性的问题产生了：力在何种程度上与知觉之对象性，因此与“又”和“一”反复无常的彼此分离相关，更确切地说，在何种程度上有那样一种关联，也就是说，力以这样的方式，同时构成了这种分离之可能的统一，即这种统一是一种无条件的统一？难道有这样一种运动，各环节根本不再相互分离，而是**在**扣留的统一**中**发展，以便通过发展立刻全都重新回归统一吗？那样一种运动就是交替转化，“而这种运动就是那被称为**力**的东西”。①

我以如下方式证明这个论题，我现在先简短地介绍一下。我们要再次讨论的是，走出流俗概念去**建构**知性（力）的对象的话题。在超离的建构中，力之绝对本质的真正实现所要求的东西，必然会明朗起来。

黑格尔从力的普遍的、直接的表象出发，但所讨论的确实不是作为表象或被表象的力，而是要表明，力是物自身之**现实性**上真正现实的东西。而如果我们按照其事先抽象规定的本质把力思考为现实的东西，那么，我们就被迫每次都要设定两种，甚至更多的力，但这样一来，我们就退回到知觉之对象的现实性中，退回到本身现存着的个别诸物之众多性了。只是，这就表明，两种力之众多性作为力，只可能是力的游戏。两种力之间的**游戏**，是两者真正的现实性。游戏就是**关系**，而关系就是，如在耶拿逻辑学中已经讲过的，**无条件共相**。所以正是力，根本不允许，或者说——超离地看——不允许那些扬弃了的知觉之对象中的各环节相互分离。分离只是呈现给知觉的，它还没有成为知性。从超离的角度来看——它并没有丢掉知性，而是将其扣留在绝对知识中——个别的力的相互分离只是发展了的更高的统一，我们现在要更

① Ⅱ，第102页。

加具体地描述它。

简单地理解，力是什么？当我们这样直接一般性地想象力的时候，我们指的是什么呢？力通过其**外现**与我们面对，在外现活动中，可以说分散在被作用的多种事物中，我们首先在这些东西上发现力；在这里我们注意到它。但只有当我们抓住它**本身**，也就是说，将其理解为从其可能的外现返回，准确地说，被迫返回自身的某种东西的时候，我们才真正表象了力本身。而在这种被迫返回中，同时存在着**被迫外现**，这种被拉紧的，又是正要被紧拉回自身的。力是两者同时合一：**作为被迫外现的被迫返回自身**。反过来：在外现中，它同样在自己本身中存在，因为只要或只有这样**它**才可能外现。

由此就预示了与前面的讨论之间的内在关联。力的外现发源于知觉的对象领域中“又”之众多性方面的延展，相反，可能的作用结果之多样性被迫返回自身，则发源于物之作为“一”的自为存在。而现在，力是**两者合一**：它反思**自身**，被迫回到自身，虽说，它作为这种东西又是向外的，被迫外现，在那里它恰恰是**为他的**，为其所作用的或所获得的他物。力是自为存在**和**为他存在。

这样，我们只是发展了力的简单概念，可能看起来力似乎是某种自为的东西，一个纯粹简单的东西，以至于我们所进行的区分——自为和为他存在——只不过是一种想象，所以，只是一种由我们的想象带给对象的区分。与此相反，应该看到——这是黑格尔走的第二步——力本身**在其现实性上**就有这种被迫返回和被迫向外的区别，也就是说，它的外现不用以反抗它，不是作为它的实现而在其旁边同样现存着或偶尔出现，所以力只是**可能的**，还不实存的东西。毋宁说，力恰恰是被逼回自身的自为存在，与为他存在，即作为那他物的他物本身之存在，在其中合一而获得其持存之所在。**力是关系**，其外现等同于它自己，外现了的就是**它**本身。在那里作为一个他物出现的、力所作用的东西，以及那看起来力好像只是从它那方面被引出来而外现的东西，就是不安的、激

动的(渴望的)力本身。所以结论就是:哪里有力,有现实的作用关系,哪里就必然有**两种力**,更确切地说,作为独立的两种力。于是,通过阐明力的概念——确切地说,思辨的力的概念——我们感受到和在知觉那里完全一样的情况,对象被拆解成各种独立的物之多样性,即"实体化了的极端"(片面的东西)。唯一的不同是,这些物都被赋予了力。所以,作为力的物之特性并没有达到它应该达到的水平,它没有呈现出所寻求的那种绝对的、本身安宁的物自身之统一。

在力的概念成为现实的地方,必然现实地存在两种力,即被渴望的和渴望着的两种力,事情真的那么简单吗?当然如此,但如果力在**两种**力的现实性上现实存在的话,那么这两种独立的力并非简单地以"又"为媒介而现存着,毋宁说,其现实性恰恰就是彼此对立的运动,它们使对方趋于消失,作为独立的东西此消彼长;"趋于消失":不要幼稚地物化地去理解,而是要思辨地去领会,它们在相互作用中得以**维持**,而作为独立的东西自行消失。人们只有认真地对待力之现实化为诸多的力,才可以看出,多种力恰恰并非自为地持存着的极端,正如黑格尔形象地所言,"只是某个外在的特质,通过中介或在其共同关联中相互派送给另一个;而且它们之所是,就是它们只能存在于同样的中介或共同关联中"①。现实的不是个别的作为实体的力,毋宁说,现实的是诸力的**游戏**。力之真理恰恰在于,它作为"实体化了的极端"**失去**其现实性。我们感性地一具体地想象为力的东西,似乎像现存着的炸药那样,这种直接的东西是**不真实的东西。真实的是游戏,是中间的**,而非极端的东西,——通过它的活动使极端之物彼此维持的中间物,就是**关系**。诸力并不是每一个都自发地通过漠不相关存在于它们之间的中间物派送什么东西,毋宁说,诸力恰恰是通过中间物得以表现的,甚至于,只有这样它们才可能是其所是。力在其现实性上,恰恰是知性已经通过其概念

① Ⅱ,第107页。

所表象的东西，为他存在**中**的自为存在之关系，而这也就是说，“一”**和**“又”的原始的有条件的统一，**因此**就是“物之真正的本质”。① 通过诸力之游戏的中间物，我们看到了物之本质，②也就是说，意识只有通过这种中介才能达到物自身之所是，达到**超感性的东西**，而这种意识就是**知性**。

b）诸力之游戏的现象和规律的统一

现在，如何穿透这个诸力之游戏的中间物，正面去把握物之被中介的本质呢？首先进行着中介的中间物本身，据我们所了解，**作为诸力之游戏**的东西是什么呢？或者说：知性与内在之关联，即通过中介之关联是怎样的？通过这中介发生了什么？就此，知性如何展开其本质，真正获得其原理，以便使本身普遍的统一对它来说成为真实的呢？

正如已经多次提到的那样，在这样思辨地解释知性时，黑格尔想到了对知性的**那种**看法，它规定了来自康德《纯粹理性批判》的难题。知性是概念、判断和对某物之共相进行表象的能力，也就是说，规范的能力；知性或思维，总是展现为“我思”，而这种“我思”是：我思考**统一**。如康德所言：我思考实体、因果性、交互作用，等等。我思考范畴，更准确地说：我范畴性地思考。

诸范畴是关于统一的表象，知性进行着判断的联结，事先就在这种统一中自行结合起来。“我思”本身意味着：从统一着眼，在其引导和规范下实施联结活动。由此，判断和范畴之间内在的事实性关联就被指明了，而有关判断和范畴之内在联结的事实根据也表明了，正如康德在《纯粹理性批判》中所指出的那样。黑格尔被知性的这种概念所引导，只不过他现在思辨地发展这个概念。我思考统一，统一性不依赖于随

① Ⅱ，第 108 页。

② Ⅱ，第 109 页。

便什么具体之堆积，而是先天的、最终的统一。对于知性来说，原理是本身普遍的统一，也就是说，这种统一构成其对象之对象性。

前面所提的问题促成了知识之思辨的难题，这种知识作为知性规定其对象。作为力的知性之对象的思辨特性，直到现在离明朗起来还很远：知性在其知识中所思考的现实，不是个别的力，“它们只是呈现出一个对立端”，[①]而是说，现实的东西是那些力的中间物：**诸力之游戏**。现在，对于力来说，首先粗暴地被确定为个别的动因，这意味着什么呢？个别的力消失在游戏中，力的**存在**就是**消失着的**，即作为它最初所冒充的，看似存在的东西而消失。力的**存在**本身就是**非存在**，是**假象**：看起来像的东西消失，或者说，其他的某种东西显露，也就是说，看起来像就是**显现**。

重要的是再次提醒一下，黑格尔不仅把现象之本质理解为自行—展示、被公开或显明，而且，显现就此而言就是**仅仅**—看起来像并消失着；在现象中存在着否定性环节，最内在地与现象之运动特性联系在一起。然而这就是说：现象不仅是假象，而且在消失中有某种东西出现，而所出现的，无非就是在感性的东西之浮现和消失中所维持的，那种现象本身所携带着的，内在的、**超感性的东西**。首先我们只能看到：力的游戏，显现活动**不**是自在的，因此，这其中就有对**自在**或仍然内在的东西之负面的指示，同时我们正面地了解到，这种内在只有通过中介才能得到理解，也就是说，现象**作为现象本身**深入自身。自在之物是空的，只要知性仍沉湎于它自己，自在之物就会一直是空的。知性从自身出发没有能力去领会**更多**，但我们应该把握其思辨的本质，也就是说，**我们**必须代替它并已经这样做了。通过现象作为现象深入自身，即通过对现象之思辨的扬弃，空洞的内在或自在之物就被充实了。超感性的东西正面得到规定，超出其最初的特性，这表明，现象本身中就存在着

---

① Ⅱ，第107页。

对感性事物的否定。

充实最初空洞的超感事物，对于知性来说分两步进行，**我们**再次听任知性形成其经验。于是，黑格尔区分了第一个超感性的东西和第二个，[①]或者也可以说，知性的第一个真理反对第二个，[②]或者说，超感事物的一方面反对另一方面。[③]

根据我们现在已经领会到的一切，可以预料，这种第一个和第二个超感事物的区分绝不可能是草率的相互并列，而是说，它们彼此被思辨地分派，也就是，辩证地相互归属。第二个超感事物是上述第一个的颠倒，而**这个**同样不意味着被并列于此的对立面，而是前者的颠倒者，通过颠倒把另一个吸纳到自身中，而自己同时以一种更高的方式得以规定。

我们现在来追问第一个**超感性的东西**，追问那首先产生的东西，如果我们可以返回到**作为现象的现象**自身之中的话，或者反过来说：我们追问那诸力之游戏所超离地揭示出来的东西，如果知性**不直接**接受这种游戏，而是把它理解为知性的话。知性之原理，如康德所规定的那样——这些规定对于黑格尔是尺度性的——就是**统一**。当知性将其多样性，力的游戏引回或简化到统一性时，知性就以它的方式理解现象——多种多样浮现着而又消失着的东西。与现象相关的多种事物的这种简化，作为知性的基本活动，通过知性（根据《判断力批判》）“思考规律”而发生。诸力之游戏在规律中发现其统一性。把现象归结为规律，引回到游戏及其方式之根据，这就是**解释**。知性的原始活动，其知的方式，就是解释，通过这种知的方式，所知的对象被揭示为规律。

现象作为现象，即力的游戏接下来的思辨建构，应该完成这种关于知性，由此关于一般意识之本质的超离的知识。因此，**规律**和**解释**开始

---

① Ⅱ，第121页。
② Ⅱ，第114页。
③ Ⅱ，第124页。

唱主角。由此出发，我们现在就已经看到某种关联明朗起来的可能性，只要我们没有过早地丢掉引导性问题，我们就必然会预料到这种关联。

作为意识之真实的对象——已经以感性确定性的形态——共相与我们照面，更确切地说，作为直接的简单性，以感性的个别事物的形式，可能既是这又是那，而同时既非这也非那。只要普遍性，就像在知觉那里所指出的那样，具有这些任意的、相互反对的个别之“多”(又)，共相就会被独立的个别所制约；但这样受制约的并不是真正**中介着**的普遍性，并非本身就是个别之个别化根据的那种普遍性，以至于个别只有在共相中才存在，只有这种普遍性才是超离的、真正的普遍性。如果意识之真理存在于作为意识之第三或最高级形式的知性中，那么，知性之对象就必然是上述意义上的真正的共相。最后，非常粗略的、更多是历史性的结论是：知性所思考的共相，或者说统一就是规律。于是问题就成了，规律是否在本质上就体现了这种所寻求的纯粹的、无条件的普遍性。

最紧迫的问题仍然是：知性究竟如何获得规律，或者说，最初如何规定这些规律。同样的问题也可以这样来问，诸力之游戏表明了什么，如果它被知性按照其原理所把握的话？通过知性的这种思考，现象如何**作为现象**在其真理中被扬弃？黑格尔说：“作为我们的对象，知性就处在这样的位置上，内在之物最初对它只是作为一般的、还未被充实的**自在之物**；诸力之游戏(直到现在)仍只具有这种消极的意义，即不自在，也只具有这种积极的意义，即是**中介者**但外在于知性。而它通过中介与内在之物的关联就是它的运动，通过这种运动，内在对知性来说就被充实了。”[①]通过展望对于《现象学》**整体**至关重要的结果，接下来的解释中尤其应该重视相互比较而突显各个步骤，这就意味着重在辩证运动之运动性的环节，在其中，我们与黑格尔一道以超离的方式，使知

① Ⅱ，第112页。

性发展成无—限性。

诸力之游戏表明了个别的力本身的运动方式，也就是说，有原因，因此有结果，原因与结果相关。当被我们首先想象为被迫返回自身的、被拉紧的力发挥作用时，它**自行**外现，而外现本身同时就是作用**于他物**，他物作为被作用者，由此自己也被外现。这第二个力由此变成了自行外现者的第一个力曾经之所是；反之亦然，随着第二个力的外现，第一个力同时再次被迫返回自身，也就是说，它变成了第二个力最初之所是。诸力之游戏就是它们登台亮相，在出场时，游戏者每一个都互相交换它们一开始就显示出的规定性。这种直接的替换——在其中一个轮流变成另一个曾经之所是，于是就表明了诸力——从游戏角度看——**之所是**。而它们之所**是**，即不断来回相互被给予的区分，同时就是它们**如何**存在的方式。内容和形式同时发生，而根据这种相合为**一**，统一的东西自行突显出来，在其中，一切特殊的力都永久地消失。这个"一"，每个力不断轮流所归属的东西，也就是说，这个共同的简单物，诸力之游戏按照其本质返回其中的"一"，就是规律：作为作用者之所是的如何作用或作用方式。现象，诸力之游戏，虽然**自身**保持着消失性或不安性，但是以这样的方式保持，即在这种交替区分的变化中，出现了持久不变的规律。所以，这规律就是与持续的不同相对而存的持续的等同。在感性事物或现象中显现的东西，不同**之上**的等同，就是**超感的东西**；物之内在，决定其外现及其交替往来的，就是"一个**宁静的规律的王国**"①。

第一个超感性的东西由此就获得了。但这个安宁的、静止的共相只可能被理解为知性的最初的真理，而不是最终的。因为面对**这种**共相，如此被把握的规律，还有绝对的变化，诸力之游戏与之相**对立**，并作为他物而以此制约着不变的东西。只有当规律本身、在自身中、自发地

① Ⅱ，第 114 页。

包含绝对的变化时，它才是无条件的共相。或者，同样的情况从另一方面，即现象那方面来说：现象作为变化者在它那方面保有某些规律所不具有的东西；它为自己保有变动的原理。所以，思辨地看，规律有缺陷，而作为这种有缺陷的东西，它还不能被视为无条件的。现象另一方面所保持的与超感性事物的对立形象，不是**那**超感事物的现象，所以还不是这个超感事物本身。黑格尔在这里总是有意识地玩弄属格的双关含义：超感之物的现象——宾词的属格。所以现象是与在其中显现的东西相对的他物。而这种关于超感事物的现象现在必然在主词之属格的意义上变成**那超感事物**的现象：超感事物显现。现象本身只是某种归属于超感事物，或只是伴随着它或存在于它之中的东西。

规律现在为什么没有能力，正如我们直到目前所规定的那样，把现象作为那种现象吸纳到自身之中呢？因为规律迄今为止，**被现象所制约**，只能与这些现象之各自明确的多样性相关；也就是说，规律本身每次只是其他之中的一个个别的规律。通过目前对规律的估计，还有大量不明确的规律现存着。然而，在思考规律的知性所特有的光中，规律之众多性**违背**了它的原理，因此是一种缺陷，因为知性原理是统一。因此，知性必须使规律之众多性集中成"一"，而这个通过简单去除"多"之诸规定的"一"，就此而言又只是"一"而不是"多"——例如万有引力，吸引力（无论在康德那里还是在谢林的自然哲学中都举足轻重，黑格尔这里当然要考虑）作为规律，不仅规定着物体与地球相关的降落，而且同时规定着地球本身在天体系统中的运动。

与这种普遍的规律一道，我们就获得了作为普遍统一的规律的概念。然而，这种"规律的**概念……超出了规律**本身"[①]且反过来反对它。重物本身所具有的重力的规律，只有借助重力本身，即力才具有其必然性。力——现在当然不再是以感性的直接性方式被理解为其他现存诸

---

① Ⅱ，第115页。

力中的一种，而是被理解为那种在作为规律的规律中才展开为差别的东西，差别规范规律本身。这样我们恰恰就在那看似发现了真正的共相或普遍规律的地方，遇到了两面性：力（重力）本身和力自身所具有的规律，于是，力再次成了**对于**规律漠不相关的东西。所以，通过这种方式同样还无法获得简单的无条件普遍性。很明显，这种普遍性沿着目前所遵循的道路就无法获得，如果我们考虑到，知性只有通过略去他物才能达到普遍的规律。而这就是抽象所特有的片面性，虽说现在从抽象中突显出一种普遍的等同，普遍的规律，但这样一来，不同的“多”也从另一方面出现了。“一”联合“多”，但要以这样的方式联合，即“多”可以说是作为被其所制约的他物而被先行给予“一”。联合之必然性明显出自知性的原理，但不是那联合者本身的必然性，所以，**漠不相关性**仍然存在，黑格尔还试图从另一方面弄清楚它，就是说，通过指出**运动**之本质，从作为运动规律的规律的思想中走出来而阐明这种漠不相关性。

一般运动，如果我们再一次直接看的话，由空间和时间共同规定，黑格尔在他的耶拿手稿及其自然哲学中思辨地阐述过，那些讲座非常明显，很大一部分无非就是亚里士多德物理学思辨式的改头换面。通过空间和时间共同对运动的这种独特规定，亚里士多德就已经表达出来了，他是这样说的：为了把握 κίνησις（运动）的 λόγος（逻各斯、规律），就必然随之要用地点、虚空和时间的 λόγος（逻各斯、规律）（προσχρή σασθαι…τῳ λόγῶ…τότου καὶ κενοõ καὶ χρόνου）（如果没有空间、虚空和时间，运动也不能存在）。[①] 在运动之本质的思辨考察中——在耶拿时期的自然哲学中——运动被最内在地与天穹系统联系到一起，而这种系统又与太阳系相关；不是在如今可以说去自然化了的物理学的意义上，毋宁说，在黑格尔的天穹概念中，回荡着当荷尔德林说到天穹的时候，他同样意指的基本含义。这种讨论在指出运动之本质本身或由此出发

---

① 亚里士多德《物理学》Γ1，200b 19 页及以下。

如何要求空间和时间时达到顶点，以至于这里同时传达出，空间转入时间，反之亦然。全部的关联都指向这一点，在空间和时间归属于运动之本质的这种特性中，无限性之本质自行宣告出来。只是为了解释《现象学》中对此所说的内容，我引用耶拿时期自然哲学中的几句话，至少大致可以表明考察沿着怎样的方向行进："时间和空间在作为其观念的自然中，是无限性和自身等同性的对立物，或者，它们本身就在绝对自身等同性的规定性之中。空间和时间的实在性，或者，它们在自身中对自己的反思，作为被分开的东西，本身就是诸环节之整体性的表达；而这样在它们中被分解的东西，直接保留着简单的东西的规定性。各个不同的环节这样被设定，即本身根本不会以漠不相关的方式具有本质的规定性，从而否认与其对立面的上述关系而自为地存在，毋宁说，这种关系仍然保持为其本质；它们不作为实体相互对待，而是说，其规定性本身直接就是共相，而不是共相的对立物，所以，直接不作为自行扬弃者，而是被设定为扬弃了的东西，作为理念。"①

在《现象学》讨论知性之对象时，简短地提及运动和空间与时间的规定，与上述这个基本想法相符合。运动规律规定，运动分为时间和空间，也就是说，从速度和距离出发得到规定，这种区分属于自在的运动本身；而各部分本身——空间和时间——直接地看，是独立的，彼此各自或加在一起，都同样与运动漠不相关地对立。区分之必然性在于运动，但这种必然性并不就已经——反过来直接地看——把**各部分**彼此规定为它们一起出自同一个根源。运动**本身**没有**自在的差别**，它并不作为自行区分的统一，虽说它首先使各部分产生，以便同时把它们扣留在自身之中。

只要知性之对象不被设定为差别本身，我们就不会获得真正的真实，无条件共相。一开始，知性之对象被设定为力，当然，力化为了诸力

---

① 《耶拿逻辑学、形而上学和自然哲学》，拉松版，第202—203页。

之游戏。现在，我们通过探讨表达为力之游戏的东西，遇到了规律。当我们尝试着把这种规律一般地理解为规律的时候，我们再次遇到了力，更确切地说，现在遇到了作为诸规律之根据的力。力和规律一样都显示为知性的**对象**，而问题是，知性现在如何理解这对象，即它如何把力理解为规律之根据。知性以知识的何种方式表达其作为呢？我们事先说过，应该就是"**解释**"。这意味着什么？我们说出一个规律，比如关于闪电的电学规律，这个规律与力、电本身区别开来。而力本身恰恰就这样被获得，就像规律本身那样；这里就内容而言所做的区别，其实又重新被收回来了。解释活动的运动是纯粹的同义反复①而本身是绝对的变化，它自身就是它自己的对立面。一种差别被设定：力被化为规律，规律和力，而同时我们说，根本没有差别。

直到现在，我们只是在现象中而没有在知性之对象的内在中，在规律中发现绝对的变化。现在至少进一步表明：绝对变化同样在知性本身之中。力作为规律的根据就是其概念，而概念是知性的概念，因此，知性之中的变化就在其事实本身，在内在之物中出现，也就是说，按照目前所言：在规律中出现。这种规律按上述情形就是保持着等同的、稳定的、与作为不稳定的游戏的现象相反的东西。但这种等同现在变成了不同的，更确切地说，与它自己的不同，变成了力。而不同，现象，作为规律变成了与它自己不同的，也就是说，与不同等同的东西。

与作为知性的第一个真理所形成的东西相比，现在一切都颠倒过来了：不同，现象，是等同的；等同，规律，是不同的(变化)。但是，这种颠倒绝不允许这样来理解，即被颠倒的东西——作为自身等同的规律和作为与自身不同的现象——作为被固定了的差别同样是现成的。颠倒不是抛弃，毋宁说，颠倒应该被把握为第一个超感事物的颠倒，超出

---

① 关于解释活动的同义反复，见《耶拿逻辑学、形而上学和自然哲学》，拉松版，第 47 页及以下，第 58 页及以下。

这东西并获得其本身。颠倒的世界就是这个世界本身,或在一种统一中与之相反的世界。

这种自行差别,并在差别中成为无一差别的统一,就是差别本身,是内在的差别,即**无限性**。"规律之简单",知性之对象的真理,"就是无限性"。[①] 这种无限性就是**无条件共相**,而共相按照通常的想象就已经是概念了。上述无限性就是**绝对概念**,也就是那种共相,不再是相对的,居于现存其中的个别事物之上,毋宁说,这种共相本身就**是**在其差别中的有差别之物,也就是说,同时就**是**统一。对于这种共相,即绝对概念,黑格尔说:它是"生命之简单本质,世界之灵魂";[②]**我们**可以说:**存在之本质**。

无限性与黑格尔所提到的绝对的不安相吻合,现在则可以被提升为,这种无限性"已经是此前一切的灵魂"。[③] 当然,它不可能突出出来,不仅因为在意识的第一种方式中,对象一般说来是知识的他物,而且因为这种他物最初被把握或意指为直接呈现出来的,或可能或必然直接呈现的东西,只要我们回避思考矛盾,情况就会一直如此,而如果差别本身,或者说,与自己对立的东西得以被思考的话,那么这就意味着,思考矛盾。[④]

c) 自我的无限性;作为 λόγος 的精神,自我、神和 ὄν

为了评判对知性之本质的解释,我们要注意:知性从自身出发没有能力把握无限性本身。知性只是偶然遇到或撞上了无限性,但没有把它当作那样一种东西,无限性的概念只是为我们的,也就是说,超离地可通达的。知性只是宣称,意识由于无法把握无限性本身而为之所纠

---

① Ⅱ,第 125 页。
② Ⅱ,第 126 页。
③ Ⅱ,第 127 页。
④ Ⅱ,第 124 页。

缠，无限性只能通过意识的某种新形式来把握，鉴于此，意识特意要去了解自身之中的内在差别本身的情况。事情是这样发生的，即**自我**对意识而自觉，它与自己本身相区别，并就此知道与自身没有差别。意识以意识的方式，通过成为关于自我或本己的意识，即成为自我意识而了解内在的差别——或者说，以费希特的方式表达的差别，但现在是基于黑格尔的提问来理解的费希特：自我通过说“我”，把自己设定为自我；自我＝自我。但自我“等于”自我恰恰就是差别，差别必然被造成，仅仅是为了归根到底没有差别。由于这种内在差别是我的，自我设定自身，同时与非一我相区别，更准确地说，自我通过自我设定非一我性，也就是说，自我通过把自己领会为自我而领会一般非一我性，并由此领会一般对象性之可能性。对于作为自我的自我而言，为照面这样或那样非一我的存在者的领域，由此就展开了。

我按照费希特的风格所描绘的这些关联，所显示的无非就是——以便使用胡塞尔的术语——“自我一逻辑”的论证，论证关于物的意识、物性以及对象性，只有作为自我意识才是可能的以及如何可能。固然，这自我意识不仅仅是展现与此相关的条件，而且就是意识之真理，即其目前经历过的三种形态在中介之统一中的真理。

在超离地指出的上述关联中，对于知性的真正对象是——无限性。如果知性领会或得以超离地去领会力本身的话，同样在这里，这种力通过作为现象之真理的规律，表明其等同性和不同性，同样在这里，知性作为知觉之真理也将被从自身中驱赶出去。假如知性作为意识之真理始终还是要在对象中寻找其真实，而同时如果超离地理解，终究要被由此驱除出去，这就只能说明：意识本身必然变成另一种东西，它不再可能仅仅停留于意识。知性所闯入的**物之内在**，是真正的内在之内在，是**本己之内在性**。只因物之内在归根到底和本己之内在是同一回事，知性才可能经常对其解释活动感到满意。知性在解释活动中，以意见的形式弄出来的其他某些名堂，“实际上”只不过是它在自身中游荡或自

娱自乐而已。[①]

意识之对象的对象性化解到无条件的普遍性，即内在的差别之中，但这种差别只是作为"自我"。如果对象之对象性——由此这对象本身——这样丧失了其表面上的独立性，那对于意识来说，就再没有留下什么，它可能抽象地沉迷于此，正如沉迷于他物或陌生物一样。**相对的东西**现在根本不仅仅是被扬弃、被丢在后面或沉迷于其本身，以至于意识撤回到自身之中，毋宁说，在迄今为止全部的精神现象学的历史中——即意识之辩证法中——**相对性之可能性**被消除了。相对的东西的假象化解到了最初简单的绝对，即**无限的东西**之真理中。

与此同时，决定性的东西就明朗起来：存在**逻辑地**规定自身，而这样一来，逻辑的东西就显示为**自我逻辑的**(Egologische)。我们看到，这种存在之自我逻辑的规定，自笛卡尔伊始逐渐发展，直到经过康德和费希特，在黑格尔的《现象学》中得到了广泛而明确的超离的论证。所以，正是在这个地方，西方哲学之存在问题的决定性开端和问题走向，慢慢地汇集到了一处。关于 ὄν(存在者)的问题，从古代开端时起就是存在一论的，同时就已经是存在一神一逻辑的，正如在柏拉图和亚里士多德那里所凸现的那样，尽管还没有相应地概念化地展开。问题的走向同样也自笛卡尔开始变成了自我一逻辑的，ego(自我)不仅对于逻各斯是核心，而且对于 θεός (神)的概念的展开同样是决定性的，另一方面，神的概念已经在基督教神学中准备好了。存在问题总的来说是存在一神一自我一逻辑的。此外，重要的是，我们到处都提到"逻辑的"，以其本来的完整形态和全部论证言简意赅地表达这种关联，那就是，对于黑格尔来说，绝对——也就是说，真实的存在者，真理——就是精神，精神就是知识，λόγος (逻各斯)；精神就是自我，ego；精神就是神，θεός；精神就是现实，全然存在者，ὄν(存在者)。

---

① Ⅱ，第 128 页。

只有当人们从西方哲学的整体出发,一起来看黑格尔的难题时,或者说,不仅仅是外在地,而是在关于存在问题的各种相互规定的看法之内在碰撞的意义上,这样来看黑格尔的难题,才有可能获得现实地理解黑格尔的基础。我们应该突出西方哲学集大成者黑格尔的立场的这种内在动力,而首要的是,在现象学历史本身的决定性步伐中听出这种动机。

尽管自身隐藏着,意识就是自我意识,所以,知识之超离的展现并不出现在陌生物或他物上,而是相反,它通过最初的、决定性的运动,把知识从其在对象上的异化中收回——即**在知的活动中**收回——如果我们只能以认知着的方式获得绝对知识之本质的话。

第二部分：自我意识①

① “Selbstbewuβtsein”习惯翻译为“自我意识”，但“我”“自我”更多用来翻译“Ich”“Selbst”和“Ich”相比，更强调“本己”“自己”“亲自”的意思，因此，“Selbstbewuβtsein”其实可以翻译为“本己意识”，无疑，两个词在日常意义上几乎没什么差别。在海德格尔思想中，通常把“Ich”归于主体哲学之“主体”，而为“此在”，尤其是“本真此在”保留“Selbst”这个词，本书沿用“自我意识”这个习惯译法，但酌情将“Selbst”译为“本己”。——译者

第十二节　自我意识作为意识之真理

a)“它本身之确定性的真理”

《精神现象学》的第一主要章节被冠以“A. 意识”。我们一定要注意:标题没有进一步的规定了。现在则相反:“B. 自我意识,它本身之确定性的真理”。同样:“C. 理性,理性之确定性和真理”。这并不是偶然的。在 A 章节,我们根本还没有获得真理,所以也不可能提及什么。而我们在 A 阶段还没有获得真理,是因为真理整体上从一开始就被建构为绝对知识之真理。在 A 章节,**知识**根本还不是真实,而只是作为知识之陌生的他物的**对象**,虽说,在知识的意义上,对象首先甚至都不被看作知识的他物,当然那是由于这种知识,当它按照其感官去认知的同时,就忘掉了**自身**或仅仅迷失于对象。**知识**之真理,即知识作为真实的东西,只有在那知识本身对于**它**成为对象的地方才能达到,在那里,知识是那种为它的知识,在那里,确定性不再是感性的,而是“**它本身的确定性**”。这里说到确定性,要提醒一下,这不是知识之可靠性的洞见,也不是笛卡尔 fundamentum absolutum inconcussum(绝对的不可动摇的基础)意义上的自我—确定性的那种确定性,而是在知识的方式和所知的内容之统一形式中的知识本身。如果真理从一开始就被超离地理解的话,只有当知识或确定性知道**它自己**的时候,通常才会存在真理的**可能性**,所以,真理或确定性并非比肩而立,而是说,要讨论的是“它本身之确定性**的**真理”。

鉴于整部著作之建构史无前例的力量和可靠性,当我们说,A 章节还没有与主题较切近的标题,而只有到 B 章节才与主题相关时,这绝非表面现象,需要引起我们的注意。在这种内在的聚合中,在那越是自洽,就越被著作之整体要求作为其部分的行程中,表现出适合于哲学活

动之真正的严谨——这种严谨与一切科学所谓的严谨都不同，那些严谨不过是偶然的、有限的姿态，总是伴随着不断痴迷于各种短命的看法或理想。所以，如果哲学活动沦落为那些理想，尤其是，这些理想表明了19世纪的科学概念之可疑的形式，那么，这在任何时候都会导致哲学活动最内在的厄运。

但是，区别A和B章节标题之不同的这种“琐事”却显示出它的威力，同时表明了黑格尔非常清楚地意识到的某些事情，我们想一想他在B章节引言中所写的那句话：“随着自我意识，于是我们现在就踏进了真理之自家的地界。”[①]黑格尔经常使用“自家的”这样的术语；特别是在序言的一个关键段落中[②]，他在那里谈到“概念”，说概念是“朝着其自家的形式发展的真理”，知识就是在这种形式中绝对地实现它自己。概念就是在知识之本质形态的扬弃史中，理性之绝对的自我把握活动，概念——不是在传统逻辑学意义上，作为简单的关于某物的共相之表象，而是要理解为绝对知识。

随着自我意识，真理才算真正回到了家，立于其根据和地基之上。而在意识的领域则相反，真理身处异乡，也就是说，本身就是被异化的和失据的。正如在解释知觉时所指出的那样，绝对真理——在其中，矛盾应该现实地被思考——对于意识来说是些奇怪的东西，它阻挠并试图抗拒这些东西。

只是，我们在这里还必须立刻去洞察更多东西。超离地看，自我意识是介于意识和理性的中间物，作为精神将发展为真正的绝对。自我意识是**中间物**，借助它，精神在知识由它自己所造成的经验之历史中被发觉。作为这种中介着的中间物，它扬弃着它自己并转交给作为绝对真理的精神——自我意识不仅在出自意识的**来源**的方向上，而且同时

① Ⅱ，第132页。

② Ⅱ，第56页。

在(**归属**于作为精神的自我意识的)**理性**的方向上表现为这种中介着的中间物。[我们有意地在双重意义上理解这个“归属”:a) 在“属于”的意义上,精神属于自我意识,属于作为其真实的自我意识;b) 在“归向某种东西的意义上,才刚准备,还无法为之效劳”的意义上。]因此,一旦自我意识之绝对本质被展开,在其中就必然展示出精神。

现在,黑格尔在B章节的引言中勾画了一个自我意识本身的现象学的轮廓,在其结尾——当然,实际上是过渡的地方——他说:“**精神的**概念已经为我们所有了。”①黑格尔借助一句意味深长的话,结束了对自我意识之思辨本质的这种展望:“意识只有在自我意识、在精神的概念中,才能获得它的转折点,至此,它走出了感性此岸之五光十色的假象,走出了超感彼岸之空洞的黑夜,步入到当下之精神的光天化日之中。”②这里的每一句话都需要解释,但这种解释是在工作本身中,并首先在B章节中具体地进行的。

自我意识之超离的历史使得精神达于现象,而自我意识从它那方面,通过意识的绝对历史得以形成,在这样的历史中**我们**,即超离的认知者,扮演着独特的角色。我们必须不断地代替意识并由此将它向前推进,因为它——沉迷于自身——直接背离自我意识、内在差别和无限的东西。知识越是真正地发展为绝对精神,**我们**就越失去代理人的角色。绝不是说,我们明确被排除出去;毋宁说,我们反而是更加原始和完全地作为那意识之历史本身的实施者被召唤进来。意识或知识越是从其自身的异化返回绝对知识中,它就越发真实地变成我们自己一开始所是的那种东西,也就是说,超离地达到其自身的绝对知识,就越是真正地代替**我们的位置**,**它**会真正占据了我们的位置,于是乎,从我们出发,就不再有什么我们可以或应该代理的事情了。我们自己,那个

① Ⅱ,第139页。
② Ⅱ,第139页以下。

"我们",就达到了我们真正的自身性,我们在《精神现象学》开始所扮演的角色演完了,从此以后,这个角色必须在现象学历史进程中频繁转变。

现在,第一次转变发生在从意识向自我意识的过渡阶段,而真正的"转折点"是在自我意识被**作为精神**来把握的时候。经这一转变之后,我们的工作可以说就进入到特有的、不断从工作本身获取来的清晰性中,并从此丢掉了一切主要的哲学上的麻烦,就知识本身的绝对本质被澄清了,它只是在它自己那里而言。

b) 从意识向自我意识过渡的意义

对象的存在现在变成了自我意识之所有,那些已经在解释意指活动的时候所预告的,由此就变成了真理,也就是说,意指活动并没有简单地自失于对象,而是同样已经开始将它所把握的收归其所有,尽管只是非常外在地回收。

所以,通过解释意识的对象之真理,考察本身就踏进了真理之自家的领域,当然并非就已经遍历这个王国。只有在进入这个领域中的第一步,就已经对于自己的特点有了完全明晰的彻查时,遍历这个领域才是可能的。换句话说:对于一切进展而言——无论对于形式还是内容方面的充实而言——领会从意识到自我意识的过渡之特有本质都是决定性的。这就已经表明,这个过渡不是按照普通的知性习惯所能够想象的。如果人们借助知性概念着手解决黑格尔的问题,那么一切领会都将被弄得毫无希望,只要人们认为,黑格尔应该做的是,把我们对于物的自然态度转送给某种哲学的态度,或者说,将其放到某种知识理论面前,那么,著作的第一句话就表达出来的,在所有接下来的讨论中随处可见的关于意识所说过的内容就一定还锁闭着。

正如我们解释 A 章节的关键步骤在于去除这些偏见,并界定"直接知识是**我们的**对象"这样的论断意味着什么,现在,同样要在 B 章节

迈出这同等重要甚至更加困难的解释步骤，通过这一步，自我意识的现象学将尽显光芒。于是，其他一切都只是顺带进行的解释，这些解释必须持之以恒地贯彻它们所选择的道路和自行开辟的视域。

为了先行弄清楚黑格尔的独到见解，即超离地从意识向自我意识的过渡，我们首先想比照对于这个过渡的流俗看法。关于这些流俗的看法，我们绝不仅仅或首先不是指前哲学的见解，而恰恰就是哲学的，这种哲学的看法长久以来在哲学中占统治地位，并恰恰在黑格尔之后19世纪再次取得霸权，更确切地说，基于实证主义的统治，精神和生存被理解为现存的东西，或者借助现存事物来说明。在对精神进行生物甚至机械解释的意义上的自然主义，只不过是实证主义的一种结果。即便在自然主义被消除或根本没有出现的地方，仍不保证就克服了实证主义。相反，这种实证主义以心理学的形态越发蔓延，尼采恰恰相形见绌，**被心理学地解释了的**尼采的影响——这种影响——才刚刚开始——就形成**一个**框架，将如今的讨论排除在哲学之本质的认识之外并将一切精神性的东西心理学化。

人们可能首先会从如今所谓"不偏不倚"的角度出发说：黑格尔向自我意识的过渡是极其烦琐和矫揉造作的。对象和意识之间来回反复，通过某种意识方式反对另一种的相互争夺，最终再一次达到这样的命题，即知性归根到底在自我意识中具有其真理——这样的一个命题，丝毫不顾及耗费一切辩证的区别和扬弃，甚至连易于理解都做不到。黑格尔的这套程序难道不必然会被清楚、明白并且首先直接符合现实的经验所反驳吗？这种经验是，在我们的意识活动和经历中，我们不断地与这种我们自身的，因此属于我们自己的经验相关——这种关系，的确可以准确无误地表达为，我们的意识同时就是自我意识。这种经验如此不可抗拒，以至于哲学从早期起同样不可能逃避，亚里士多德就已经有意在思考这种经验了，reditus in se ipsum（返回到自身）差不多是所有人之追问的套话。用笛卡尔的一句话表达就是，一切cogitare（思）

都是某种 cogitare me cogitare(我思"我思"),就此,cogitare(思)意味着某种意识的活动。每一个关于对象的意识都同时是关于对象之意识的意识,所以是自我意识,由此出发来看,黑格尔的过渡不仅迂腐、造作并因此不易于理解,而且他还看不到**意识之自我意识性的特点**,他没有使认识这种关系的**直接性**得到应有的重视。这种情况,虽说恰恰是在从笛卡尔到康德的哲学史中更加明确和意味深长地突显出来:每一个 perceptio(知觉)都同时是 apperceptio(统觉),虽说人们可以承认或至少可以讨论,我们在自我意识的反思活动的观察或考察中,偶尔会弄错我们自己的意识活动,生活经历由于其流变的特性,并非像我们周围的诸物那样明显可把握。然而,这并不与如下基本事实相矛盾,那就是,与对于我们之外的诸物的意识一道,在我们之内始终伴随着对于诸事件的意识。在关于外在物的意识中,我们知道这种意识本身,我们甚至知道关于物的这种意识的知识,所以还必须说:黑格尔鉴于他选择的道路,从一开始就无视**事实**(即自我意识)的本质特性,而借助于层出叠见的辩证法也不再可能弥补这一点。

我们回想一下这样的论辩是对的,因为当谈及意识、自我意识甚至两者的关系时,这种论辩一定会强加进来。我们现在必须比照着这些明白易懂的思考,弄清楚黑格尔从意识向自我意识过渡的特点和根本意图。

首先,黑格尔根本不想证明,我们的意识**同时也**是自我意识,两者始终相伴相随。他同样也不想否认,意识直接就知道自己并由此发现,在现存的人心中流淌着意识之流和时间之流。黑格尔不想证明前者,也不想否认后者,因为他的难题根本就不活动于这种"自然态度"的维度之中。黑格尔想要说:前面的全部讨论——我们可以典型地回忆笛卡尔的"cogito sum"(我思故我在),都是在**意识**的领域内进行的,也就是说,这种情况下的自我同样是某物,同时与关于对象的意识联系在一起,是现成存在的,可以被我们对象性地知晓。就那种关于作为自我意

识的意识的知识而言，我们还只是完全或固执地活动在相对和抽象的领域中，这绝不是意识向自我意识的过渡，而是强行把自我意识从仅仅直接所知之领域中拖出来。只是——黑格尔一定会如是说——如果人们想要这样来把握意识和自我意识之间关系的问题提出和思辨展现的话，比如说，应该与关于对象的意识，进而与对象或诸物相对比，表明自我意识的不同性质，表明其**非物性**，似乎要做的仅仅是防止自我的物化，那么就还根本没有达及要义。我们的任务是完全不同和更加深远的，要做的既不是证明意识和自我意识的现成共存，也不是证明两者的不同性质，而是要对“**自我意识是意识之真理**”这个命题**进行揭示**。

“意识就**是**自我意识”，这句话必须在其思辨的意义上来理解。这个“是”并不意味着：在指向诸物的意识活动中，始终也现存着与之相伴的反思活动，毋宁说，“意识就**是**自我意识”这句话意味着：意识之**本质**——在思辨的一绝对的本质的意义上——就存在于自我意识中，意识作为自我意识出场。我们有句俗话与之非常符合：“不同就是同一。”无稽之谈，普通知性会这样说；不同，就是多样或差别的存在，完全或根本不是同一。然而，恰恰如此！哲学说：就其之所是而言，两个不同事物之不同，只有通过它们与同一个事物之统一相关，才是可能的，着眼于那种同一，不同才首先可能成为其本质上之所是的不同。“不同就是同一”——这里的“是”反过来具有独特的思辨意义：“具有……方面的本质。”本质在这方面与引导性的一般存在概念相应，思辨地先行得到规定：存在—神—自我—逻辑地被规定。不同具有同一的本质，反过来相应的是，同一并非表明某物与自身空洞的一样，而是意味着，共同归属的统一。同一就是共同归属性，就是说，本身同时就是不同。

从意识向自我意识的过渡就是返回到意识之本质，就是本质性的自我意识，而作为这种自我意识使意识内在地成为可能，更确切地说，在一切或每一个属于意识本身的事物中构成意识之可能性。所以，这种向意识本质的返回，只有在同时的，或者说，在先行的意识本身之本

质结构的具体发展中方可实施，因此，只有**从这种意识**及其自身特有的关系**出发**，与自我意识之本质关系才会变得清楚。所以，要讨论的恰恰不是无聊的论断，说什么如果没有自我意识相伴，意识就是不可实施的。

如果意识鉴于其自身的相对真理，于是就应该交还给作为自我意识的真理，那么，按照黑格尔的整体倾向，我们因此就预先获得了基础，由此出发才能搞清楚或得以证明，人们在这里作为基本事实所引入的：cogito（我思）＝cogito me cogitare（我思"我思"），**为什么**情况是这样或**必然**是这样。如果黑格尔一开始就持守于本己的这个维度，那么，他的起点就绝不亚于康德提问之基本意图的变革和建构，可以表达为，先验统觉——"我思"之原始的综合统一，这个"我思"，必然伴随着我的一切表象——可以被理解为一切对象性之可能的条件。正是由于黑格尔力求思辨地、绝对地克服康德的立场，所以他才必须采纳其基本出发点，就是说，通过他的超越来估价意识和自我。虽然说这种超越，由于在康德那里就已经定位于知识关系（思想、知性和 λόγος ），经历了特有的狭窄化和肤浅化，但是从另一方面来说，由于它在黑格尔那里的绝对化，同时其解决也恰恰变得可能。

我们必须一如既往地批判地对待之，首先有一点是决定性的，那就是，在思辨地解释整个意识的各种形态的时候，在解释它向自我意识过渡的时候，意识一开始就被作为**先验的**，通过其超越，或者说只有在这种超越中得以形成或展开。虽然我们对于超离地克服超越之有限性的方式，原则性、批判性地有所保留，但我们一定会在积极的意义上钦佩那罕见的力量、自信和丰沛，这里的哲学活动凭借着这些在超越本身中进行。

从意识向自我意识的过渡，因此就不是简单的后发的日常自我反思，而是超离地从先验地解释的意识之本质返回到自我意识之本质，但由此我们却还没有说中黑格尔问题的特点。随着刚才对过渡进行的解

释，一定还会——尤其是对于今天的我们——引起一种假象，好像尽管要讨论的不是一种本体知觉意义上的意识向自身之回转，但还是要讨论通向作为纯粹自我领域的纯粹意识之经历的本质领域的途径。之所以确实不可能讨论诸如此类的事情，是因为黑格尔根本不想将其作为最终的或最初的而达到这样理解的自我意识领域。**自我意识只是一个通道**，它本身还只是无限性范围内的一个相对形态，而无限性之完满真理应该通过概念来把握。因此，这一点同样重要：对于黑格尔来说，自我意识从一开始就不是被描述为在可能的研究工作范围的意义上，可发现的经历之本质关联的领域，而是关涉到**精神之现实**。简而言之：所要探讨的不是作为相对可知之物的自我—**有意识的**—存在，而是作为更高的现实的**自我**—有意识的—**存在**，与对于意识而现存的对象之存在不同。我们要超离地去领会**本己的存在**(Sein des Selbst)或本己存在(Selbstsein)。

第十三节　自我意识的存在

a）在其独立性中赢获本己之本己存在

对于黑格尔来说，本己之存在——正如精神或一般绝对之现实那样——当然首先通过“意识”或“知识”得以规定，这种规定与从 λόγος（逻各斯）出发解释存在相关。从历史上说：近代哲学自笛卡尔以来重新定位于意识，并非较之古代完全崭新的开端，在其动机和目标方面，只不过是还未被领会的古代定位于主体的开端之延续或转化，当然后果便是，在本己的范围内，关于其**存在**的问题现在更多地或彻底地被意识或知识问题所淹没。就此而言，存在论的自我逻辑定位仍然还停留于传统，ego（自我）就是“ego cogito”，“我思”“**我知道**”或“**我说出**”。（对于笛卡尔来说，cogitationes［思想］并不等同于思想活动，而是意指我的**一切**活动或行为，同样指实践的或情感活动，这就形成下面的情况1. 关键性的内涵对于其哲学的奠基来说完全或根本不起作用；而2. 把一切活动都叫作 cogitationes 恰恰表明，本己在其所有维度上的存在，首要地从知识出发被理解。）

黑格尔虽然同样从 cogito（我思）出发理解 ego（我），从自我**有意识的**存在理解自我的**存在**，但是，人们还必须洞见到超离地领会本己**存在**之迫切要求，以便理解关于自我意识的整个章节，尤其是令人费解的导言。[①] 然而，这只是**敞开**了整个著作其余部分的入口，其超离的追问现在不再指向对象之对象性，而是指向**本己**之立起来或站立着的本质，即**自一立性**。辩证地进展和过渡形式上的中规中矩，在这里甚至掩盖了黑格尔哲学活动的基本态度并引起了灾难性的假象，好像要探讨的只

---

① Ⅱ，第 131—140 页。

是各种意识形态的依次展示，知识之各种类型的登台亮相。而实际上所涉及的是，**通过认知者绝对地设立自身而进行的知识之转送，精神在自身中所展开的现实之成效**。

如果人们不理解这种过渡中全部问题的这种转变，那么就对这部著作一无所知，而如果人们看到了这些，那么立刻就会明白，比如，克尔凯郭尔对黑格尔的全部批判因没有说服力而自行垮台。只有当本己之独立性或**本己存在**作为引导性问题而保留在视线中，从“A. 意识”向“B. 自我意识”之过渡才会不那么令人感到奇怪，在其余一切情况下，我们都会感到奇怪。我们首先绝不允许自欺欺人，轻信这种过渡是自明的，比如借随意引用说，现在，在A章节讨论了“理论的”意识之后，就该轮到“实践的”了云云。

实际上，只要我们注意一下新的标题，过渡就确实令人惊奇。讨论了感性、知觉、知性之后，接下来的章节被冠以的标题是：“自我意识的独立性与依赖性；主人和奴隶”和“自我意识之自由；斯多葛主义、怀疑主义和不幸的意识”。而我们注意到，《精神现象学》在任何地方都不涉及“知识论”，贯穿整个A章节同样也不涉及，毋宁说，这里唯一关涉的仅仅是精神之真实的**现实**，所以，我们不应该感到诧异，我们在向本己**存在**的过渡中遇到了**自由**的各种形态。按照康德的辩难，自由当然是因果性的一种，而因果性是对于一个存在者，着眼于其定在(Dasein)、其实存(Existenz)的规定。

如果我们基于所有此前所说过的内容，注意观察B章节所坚持的基本方向，那么，我们就不再会面临危险，略过B章节导言中的一个核心段落。这就是第Ⅱ部分，133—139页，这一段中所做的绝不亚于**一个新的存在概念的发展**。相反，我们从那样一个段落的突然出现可以推断出，如果**那样一段**思考必须以导言形式出现的话，那么**整个**段落必然是针对着本质性的存在问题。(这里，我们要注意在术语方面我们已经提到过的，与关于“概念”这个术语的使用相应的话题，这个名称一会

儿被用作“表象”，一会儿被用作传统意义上的“概念”，而一会儿又被打上黑格尔“绝对概念”的印记。与之相应，“存在”也首先意味着：无关紧要的名词，作为系词的中性的“是”；其次是作为现实事物的每一个存在者之标志；第三，在较狭窄的意义上，意味着**意识的对象之对象性**。）

结合着对新的存在概念的剖析，导言使我们得以预见自我意识之本质，它如何自在和自为地存在。这里恰恰表明，指望反思的办法无助于阐明这种本质，反思在考察中几乎没有出现，以至于自我意识之本质要以**互为存在**(Füreinanderesein)为引线来建构。反思的环节——确切地说，不在知识或意识的意义上，而是作为存在行为——当然并不排除，相反，它以更加原始的形式发挥作用。属于本己之自身存在方式的**达及一**自身，回返到作为真理的自身之中，被理解为**欲望**，本己追随它自己的狂热，当然情况是这样的，这种欲望之满足采取意识错过对象的方式，所以总也达不到其目的，而始终只能引起新的欲望。然而，这就表明，本己对于它来说不是仅仅简单地现存着，以至于可以被反思着的目光捕捉到，毋宁说，本己必须要在其存在本身中**生成**。只是，自我意识的这个环节——自为存在和互为存在——不是两种并立现存的规定，而是说，它们以某种方式共属一体，按照先前所说的，我们可以暂时先这样来表达：对于对象的意识——在意识达到其自身而成为自我意识的时候——并没有被丢在后面或放弃，而是被扬弃并一道被吸纳到对于它自己的意识之知识中。原因在于，自我意识按照其本性具有“双重化的对象”，[①]更确切地说在如下意义上，1. 自我将自己设定为与其他个别之物相对的个别之物；而 2. 它将双重化的东西收回到自身中并由此揭示出与绝对本身的关系。这种双重化对于自我意识之思辨地建构来说是决定性的现象，更确切地说，这种双重化不仅要从切近的方面，就我们从意识及其对象出发来看，而且要从引导性的**独立性**问题

① Ⅱ，第 133 页。

来看。

我们先前已经把从意识向自我意识过渡的特点，消极地进行了逐个层面的描述：

1. 过渡不是简单的内在知觉的后续；

2. 它并不证明意识和自我意识之共同现存；

3. 它不表明自我意识的非物性，以区别于意识之对象的物性；

4. 它并不保证把纯粹经历的领域作为本质考察的范围；

5. 它不把先验的意识转送到其先验的前提条件，即康德先验统觉意义上的自我意识中。

积极地说，过渡就是：**在其独立性中赢获本己之本己存在**，由此使现象学的全部运动的最内在问题尖锐化并首次特意变得明确起来，这问题无非就是**在展示中获取精神之绝对的现实**。

过渡阶段的这核心意思与B章节导言的一个段落相吻合，旨在阐明新的存在概念，更确切地说，这种阐发涉及思辨地描述本己的独立性之可能性。我们现在必须以如下方式使这个问题尖锐化，以便领会探讨它的方法。

A章节中得出如下结论：真理在意识中不可能变成自家的，因为按照意识最特有的认知要求，此时真理必然在其对象中，而对象对于知识仍然还是他在的他物。真理是无条件的普遍性，即**内在的**差别，而这种差别**是**作为自我的差别，异于自身的存在(Sichanderssein)之自身等同性，在自我存在(Ichsein)中获得其自家的领域。这个命题产生于意识之思辨的渗透，而它立刻同样透露出被一个新的难题所困扰。因为自我(Ich)——就其自我存在而言，难道不恰恰显得或首先真的就是**个别的东西**吗？每一个物质性的这一个，都可以像自我那样，以自我存在的方式，即把自己**认作**自我的方式，在认知活动中真正地实现个别化吗？如果存在恰恰通过意识得以规定，而且越是处于其更高的形式，就越真正是知识的话，那么，**自我存在**就必然是**个别化了的个别之物**的真实存

在,所以,是与 A 章节最终的结论相反,按照那里的说法,内在的东西是**共相**。

我们可以把这样产生的新难题分解为以下两个问题,我们同时摆出粗略的答案:1. 只有通过何种方式,自我才可能成为绝对真理,如果它毕竟本该是真理的话?答案:只有这样,即作为自我意识的个别自我,本身就**是**绝对的存在物。而与这个答案相关,立刻就产生第二个问题,即 2:自我意识本身究竟能否**成为**绝对真理?也就是说,它本身占有**那种**可以绝对地认识绝对的知识,以便在那种知识中**成为**绝对?答案:对于自我意识而言,虽然内在的差别,即绝对的真实此时存在于知识中,但它并没有因此而完成;恰恰因为自我意识在**自身**中认识绝对,它对于绝对仍然还是他物,即它的极端。

绝对对于自我意识仍然是极端,在**这样的**自我认识中,自我意识知道自己本质上是作为为绝对而奋争着的知识,但在这种奋争中不断地处于劣势,"意识……其存在和活动只是对于这种存在和活动的痛苦"[①]:它知道驱动着其特有本质的事情徒劳无功。因此,自我意识恰恰在那要展开其特有本性的时候,就是不幸的:**不幸的意识**。它无法将自己真正地把握或理解为自我意识,理解为已经以某种方式通晓了它自己的真理的意识,理解为绝对不变的东西,那个自己,也就是说,真理,既不在客体或对象中,也不就只是在这些客体之主体中出现,而是在一种更高的本己中,它自知是最初的自我意识和关于客体的意识之统一,作为精神,或者说——以其先行的形式——作为理性。如此,则"就是**对于自我意识的自我意识**,只有这样,它才真实地存在;因为只有在这里,对于它来说才形成它本身在其异在中的统一","由此,**精神**的概念已经为我们而现存"[②]。因为"理性就是意识的[即自我意识的]确

① Ⅱ,第 160 页。
② Ⅱ,第 139 页。

定性成为一切实在性”①。

我们在这里——当然经过了一切保留和扣除——得到了一种相应的关系，就像在知觉那里就已经预示的那样。这知觉居于或介于感性和知性之间，虽说，它吸纳了前者并已经表达出了后者，尽管以反抗它们的消极方式。相应地，自我意识(B)作为意识(A)和理性(C)之间的中间物，处于一种更高的关系中。它把意识吸纳到自身中作为其真理，但是通过这样的方式，即它同时表明了理性，尽管同样也只能以这样的方式，即不断地试图强占理性，不断地陷入失败并不幸地停留在这种拒绝中。

不幸的意识既不是简单的失去了幸运，也不是事后又追加的失败，而是**还不**幸运——然而，它恰恰通过知晓**不幸**而**知晓**幸运。对不幸的知晓，不是相对地、抽象地对现成存在的不幸事态之察觉，而是知之活动中的折磨，由于幸运之不可得而产生的内心矛盾。这样，真正的存在或绝对，就以某种方式已经或恰恰在自我意识中达到了确定性。

b) 自持之物的新的存在概念，生命；黑格尔那里的存在与时间——“存在与时间”

不幸的知识构成了自我意识之存在，因此，正如在知觉的结构中，更确切地说，在错觉的形态及其所包含的东西中，知性必然已经被先行把握，同样，现在自我意识的结构，需要对**绝对存在**先行进行规定。只有在绝对存在之光中，自我意识阶段才能超离地得到把握，尤其是最后阶段，不幸的意识，其思辨的存在才得以规定。更清楚和恰当地说：只是源于这真正的存在，本已存在才得以在达到其特有的真理，达到**精神**之不同阶段中展开，这精神就是绝对，固然，精神就是概念。

引言中先行阐明新的存在概念的段落，是Ⅱ第133—139页，我们

① Ⅱ，第175页。

把这段分成两部分:1. 第 133 页从“那对象……”到 137 页“这时与最初直接的统一……”;2. 第 137 页从“而这另一个生命……”到 139 页“就此,精神的概念已经……”

我们说过,要做的是剖析一个**新的存在概念**;这只能意味着:要做的是在和《现象学》目前为止的阶段不同的另一种意义上,更确切地说,在满足黑格尔绝对的存在概念的意义上领会存在。根据事实,这种存在的概念是或必然是古老的,和西方哲学的两次重要探索一样古老,我们借“巴门尼德/赫拉克利特—柏拉图/亚里士多德”这样成对的名称来简单地标示。黑格尔的关键举措在于,他把那从古代开端处就先行规定了的根本动机——逻辑的、自我的和神学的动机——以其特有的本质形态展现出来。新的存在概念,就其最表面的或整体的完成而言,是古老的或古典的。因此,通过上述段落我们达到一点,由此出发我们才可能第一次真正地判明,**精神现象学的科学无非就是绝对存在论的基础存在论**,也就是说,一般存在一论以及**在何种程度上是这样的**。《精神现象学》是存在论之可能的创立的最后阶段。

也可以这样历史地表述:存在者的存在从古代以来——在亚里士多德那里丝毫不亚于在柏拉图那里,在巴门尼德那里也和在前者那里一样,当然以一种先行的形式——就被规定为 εἶδος(相),ἰδέα,**理念**,由此而关联于看、知识和 λόγος(逻各斯)。因此,作为追问存在者之存在的哲学活动就是**观念论**,这个头衔不能理解为知识论的倾向或观点的代号,而是作为存在问题之根本开端的标志,一切流俗的或所谓的知识论派别都包含其中。所以,《精神现象学》——与此相关我们可以说——就是观念论之有意识的、明确的和绝对的论证,对此,黑格尔本人后来[①]也如是说。

最后,我们还可以另一种方式说明这件事,更确切地说,结合着一

① Ⅱ,第 175 页及以下。

个目前为止多次提及的问题来说明。[1] 存在之各种规定，从亚里士多德以来就被称为范畴，存在问题具有范畴问题的形式。康德以判断表为引线获得范畴之多样性，并由此同时获得存在诸规定之统一性，判断表本身根植于传统逻辑。与康德的这种做法相关，黑格尔从他的绝对知识立场出发说："而范畴之多样性无论以何种方式被看作拾来的东西，比如来自判断并以此为满足，实际上都要被视为科学的耻辱；如果知性不能借自己本身展示这纯粹必然性的话，那它还能在什么地方展示必然性呢？"[2]

只有当人们在**绝对的**科学，即黑格尔所规定的哲学之本质的意义上来理解"哲学的耻辱"时，黑格尔对康德的这种苛刻的判断才是合理的或可以理解的。康德从他那方面则另有说法，尽管实际上是着眼于同样的方面谈及"哲学的丑闻"。两个判断都不涉及个人，而是遇到了哲学最内在困境的进程或状况，这比起那总是借人的计谋的张狂作为，任何时候都"相形见绌"。

上述内容本该先再次照亮各个部分和关系的整体广度，我们正在对之进行解释。我们尝试对所限定的第一部分进行说明。

剖析新的，或者说，真正的、绝对的存在概念无非就是把"结果"说清楚，这结果产生于意识的辩证法。对于意识来说，存在应是对象的特性，归根到底指的是其就感性—知性知识的直接性而言简单的"在场"。如此则结果是：意识的对象不是仅仅浮现着的，漂浮在其个别之上的共相；这种共相完全或根本不是真正**不变而持久的自持之物**。它最初自行揭示为"无条件共相""内在差别""**绝对概念**"，也就是说，作为不再与其个别相对的共相。在临近 A 章节的结尾时黑格尔就已经说："绝对概念是生命之简单的本质。"[3]

---

① 见前文，第 110 页以下，第 148 页及以下，第 169 页及以下。

② Ⅱ，第 178 页以下。

③ Ⅱ，第 126 页。

为什么这里“生命”突如其来？亚里士多德在他关于生命之本质的论述中，就已经对此有如下回答：τὸ δέ ζῆν τοῖς ζῖσι τὸ ειναίὲστιν。① 生命是**存在**的方式。这样我们就理解了，在阐明真正的存在概念时为何会出现“生命”这个标题，黑格尔本人在其青年时期的神学手稿中就已经有所偏好地使用了“生命”这个概念②，黑格尔在那里直接说：“纯粹的生命就是存在。”③然而，为什么现在在《现象学》中代表真正的存在概念的恰恰是“生命”呢？我们同样可以再次回溯到亚里士多德来理解：ζωὴν δὲ λέγομεν τὴν δίαύτοῦ τροφήν τε καὶ αὔξησιν καὶ φθίσιν。④ 这里关键的是对 δίαύτοὺ的规定，通过自己自我保存、生长和衰败；应该注意，这个对于我们来说很容易断定并且显得毫无意义的规定，在当时却要求罕见的努力，以便本身纯粹出于现象而被看到。黑格尔后来有理由说：“**亚里士多德关于灵魂**的书，尤其是他对于灵魂各方面和状态的探讨……始终是最出色的，或者说，是思辨地关注这个对象的唯一一部著作。”⑤

生命——这意味着**从自身**生产着**自身**并通过其运动**在自身中**保持着**自身**的**存在**。由此我们就可以理解，真正的存在在何种程度上被称为“生命”，这是一个由此出发使这种存在之本质得以“标明”⑥的规定；因为事情之关键首先就在于此。“内在的差别”“无条件的普遍性”——这些就是那种存在，一切差别虽说没有被消灭，但被扬弃并保存于其中，而且被扣留在其根源中。统一就是“其本身作为绝对不安的无限性

---

① De Anima B4，415b 13。（若生物[动物]的存在就系于生命。）

② 《黑格尔青年时期神学手稿》，诺尔版，《基督教精神及其命运》，第 302 页及以下。

③ 同上，第 303 页。

④ De Anima B1，412a 14。（所谓生命，我们指自行进食[营养]与生长与衰死的功能。）

⑤ Ⅷ$_2$，第 6 页。

⑥ Ⅱ，第 134 页。

之安宁"[①]。存在被把握为自行维持着自身的**独立性**,因此黑格尔说:"**存在**不再具有**存在之抽象**的意义[就像意识之对象性领域那样],也失去了其纯粹的本质性,**普遍性的抽象**;毋宁说,其存在就是那纯粹运动在自身中简单流动的实体"。[②]

现在,完全出其不意地,就好像是自明的,在解释存在概念的中间,黑格尔给出了其第一个总结性的定义,他以一个同位语插话说:"时间之简单的本质,它在这种自身等同性中具有空间的坚实形态。"[③]这句话第一眼看令人惊讶,但实际上并非如此。这句简短的而没有继续解释的话,只看本身当然不是一目了然的,但这是《现象学》中那些大量浓缩了的表述中的一句话,从结果来看,就像我们已经多次注意到的那样,完全再现了从耶拿手稿中可以部分地看到的论述或研究,这里同样如此。《现象学》中的这个完全孤立的句子再现了耶拿手稿[④]第202—214页所论述的内容,而主题是什么呢?运动,更确切地说,太阳系主题范围内的运动,自然哲学的基本主题。

必须非常明确地强调:**时间和空间**对于黑格尔来说从一开始——并遍及其全部哲学——就是**自然哲学**的**首要**问题;这与传统完全符合。而当黑格尔现在在历史甚至精神难题的关联中谈及时间的时候,于是,自然哲学的时间概念随时都会以某种扩展了的形式转交到这个领域。并不是说反过来,时间难题首先从历史甚至精神问题中发展出来;并非出于简单的原因,因为**这样一来**就与黑格尔的基本意图相抵触,好像通常那样,只不过是某种什么东西可能与之相抵触而已。

如果人们近来多方尝试——据称,我本人只是首先指出了黑格尔那里的时间和自我之间值得注意的关系——去证实,在黑格尔那里就

---

① Ⅱ,第134页。

② Ⅱ,第134页以下。

③ Ⅱ,第134页。

④ 《耶拿逻辑学、形而上学和自然哲学》,拉松版,第202—214页。

已经有“存在与时间”的难题了，如果这只是为了正确而勤勉地挑剔我所设想的原创性，那么这种努力完全正常。这些贬低、矮化，要不然，还有居心叵测、阳奉阴违的褒奖之勾当，长久以来一直是哲学历史学家们的主要乐趣，因为那些都同样是轻而易举之事。相反，如果人们想要看到积极的一面，则本人必须——完全撇开内在的意愿——事先也已经在现实的工作中为此而尽心竭力。勤勉地致力于证实“存在与时间”是一个古老的往事，对于那些写作家来说，应该不失为一种有益于健康的缓解剂。有关作家之谦逊的这些道德忧虑是完全正常的，但完全不同或关键的事情在于，人们是否本着一些奸诈的计谋而对黑格尔感兴趣甚至加之以声望。这些当然必须予以驳斥。如果说，随处都要牵强附会“存在与时间”的难题压根就是荒谬的话，那么在黑格尔这里同样如此，因为**存在之本质是时间**这个论题——恰恰与黑格尔在其全部哲学中所要试图证明的东西相对立。于是，黑格尔的论题必然同样相反地表达为：存在是时间的本质，存在即作为无限性，这一点清楚而明确地写在《现象学》刚刚引用的那一段。[①] 那里谈及的是“内在的差别”意义上作为存在的生命，具体地说：“**本质**[即真正的存在]就是**扬弃**了一切差别的无限性……”然后继续讲：“时间的简单本质……”——也就是说，**存在的本质就是时间的本质**。或者由此出发还可以说：时间是作为无限性的存在之**简单**本质的**一种**现象，而时间只有就其“具有纯粹的空间形态”而言，才具有像存在那样的本质。

被逻辑地、并因此真正存在—**逻辑地**把握的存在之本质，是在他在中的自身等同性，被自我—逻辑地把握的存在之本质，是作为自我＝自我的“内在差别”，是**与某种**就此而言不是关系的**东西的关系**，被神—逻辑地把握的存在是作为绝对概念的精神。在这种作为无限性的存在—自我—神—逻辑的存在概念之光中，时间自行展现为存在的**一种现象**，

---

① Ⅱ，第 134 页。

更确切地说，从属于“与绝对实在的精神相对反”的自然。[①]（参见，关于**绝对质料**，自然的本性，关于**天穹**所说过的：“天穹的自身等同性就其本身而言就是无限的，无限性的表述无非就是说，天穹不是作为一种内在之物，绝对在自身中被反思之物，[所以]无须反思的活动，或者同样，通过外在的、对于它来说陌生的反思活动而拥有这种无限性，天穹就其本身而言根本不以这两种方式拥有无限性。”[②]天穹的要素，作为这些被疏远了的、外在的，甚至作为它的运动，就是**空间和时间**。因此，时间就是与绝对，并因此与存在本身之本质**疏远了的**东西。）

正如抽象的意识之对象性的存在是无精神的，时间同样是无精神之领域中的存在的一种现象。而就**失去**精神的东西同样是从精神出发来规定其本质而言，时间就可能或必然要通过绝对存在的形式化概念得以把握。由此我们同时就弄清楚了，精神本身在何种程度上，如果必然存在的话，可能落入**时间之中**。本真的存在者可以顺应非本真存在者的形式，不是因为时间是存在的本质，而是相反，因为存在是时间的本质，并因此能够在这种时间中或作为这种时间而显现——更确切地说，之所以如此，是因为时间本身，为了能成为绝对存在的现象，被指派到了空间之中。

因此我们必须说：按照黑格尔对时间的全部的看法，他不仅在与空间的亲邻关系中论述时间——就像他之前亚里士多德以来的传统那样——而且他还通过把时间的本质与空间之本质本质性地联系起来而加剧了这种亲邻关系，以至于时间仅仅作为空间而存在，反之亦然。这些在耶拿手稿中有清楚的分析，在《现象学》简短提及时间的这一段也表达了同样的意思。只有当我们彻底读透这一段，我们才会真正地领会它，并理解这里所说的：存在之真正的本质，无限性，就是具有空间之

① 《耶拿逻辑学、形而上学和自然哲学》，拉松版，第 187 页。

② 同上，第 202 页。

形态的时间之本质。

在这里，我们必须放弃黑格尔耶拿自然哲学手稿中对时间之本质的解释。只有一点需要说明，那就是，对于黑格尔来说，以前的，即**过去**构成时间的本质。这与对存在的基本看法相符合，根据这种看法，真正**存在着的是**那**返回到自身中**的东西。如果这一点被超离地理解，那么就意味着：存在者始终是已经发生过的，没有什么其他东西可以比之更早，而总是后来者或姗姗迟来者。（先天的东西作为原初的过去；那先前的，"是"先于时间并因此是超时间的。先行的，先前的，安于自身的，已趋于安宁的过去。）

时间和空间之所以现在，恰恰在这里，可能被带进与存在之真正的本质的关系中，是因为存在的这种本质本身——根据《现象学》的进程——在这里经历了其最初正在酝酿着的，仍然是最外在的规定，正处于从意识之疏远了的对象性过渡的阶段。指出存在之本质其最初遇到的这种出让，应该服务于酝酿或引向内在的或真正的存在之本质的过渡，这种存在之本质就是作为**精神**的本已性。

总而言之，我们可以命题的形式这样说：在**黑格尔**看来，存在（无限性）也是时间之本质；**我们**则认为，时间是原初的存在之本质。这不是简单相互对立的工整命题，毋宁说，这里的"本质"每次都意味着某些根本不同的东西，恰恰就是因为存在被不同地领会。本质本身当然只是存在之领会及其概念的追随者。

（很遗憾，在哲学中这样的事情从来都不那么轻而易举，人们简单地偶然听到些什么——"存在与时间"——随后就进到哲学史中盲目地兜来转去，以便设法搞到些相关材料作为证据，证明这个问题已经谈论已久。这种勾当的标志性特点是，恰恰在我们实际上第一次或**唯一**一次遇到"存在与时间"难题闪现的地方，即在康德那里，人们**不**愿意在那里进行考察，反而津津乐道于我这方面的武断解释。这是与同代人之愚昧无知相伴的咄咄怪事，借其帮助，人们甚至可能会突然名声大噪，

当然是在一种值得怀疑的意义上。此外，声誉如今不仅可以到处炫耀，给我们增光添彩，同时，声誉也具有其深藏不露的阴谋，正如里尔克[R. M. Rilke]曾言："因为声誉最终只是搜罗了一些新名词的所有误解之典范。"①)

"存在与时间"——如果我还应继续谈论这个话题的话——绝非叫卖一种人们可以或应该试用的新药，而是说，这是一项任务，即一项**工作**的名称，通过这种工作，我们或许再次配得上去冒险与**现实的**哲学之最内在核心进行争辩，这并不意味着要否认它，而是要在**现实的领会**中肯定其伟大。

黑格尔在上述段落中，随着提及时间而对真正的存在概念所进行的剖析，绝不亚于解除掉了作为通往精神，即永恒之道路的时间。

存在之本质就是生命，安于自身的不安，自为存在的**独立性**，②它以其流动性而包含着各种形态的划分，它自身以这种方式不断地由分裂返回到同一。这种"循环"就是生命之本质，现在它使其中所包含的各个环节进一步区分。

第一个环节是独立的形态之持存；其中包含着差别性的否定，因为差别本身无非就是被关联于什么，被加入到关系中，**不**自在存在，**未**获得持存。

第二个环节相反，是那些差别之无限性中的持存之物的分裂。

对于生命的这两个环节，黑格尔指出，每一个环节都各自转化成其对立面，由此形成生命的四个环节：1. 直接的延续性；2. 个别持存着的形态；3. 这些形态本身之普遍进程；4. 上述三个环节的简单综合。只不过，生命不是这四个环节的直接相加，而是"自身发展着的，消解其发展并在这种运动中简单地保存着自身的整体"③。这种在运动本身

---

① Auguste Rodin, 1903, WW Ⅳ, 299.

② 同上，第196页及以下，关于独立性问题。

③ Ⅱ，第137页。

中自行形成的整体之统一，是生命之更高的或真正的统一，不同于直接的统一。而这种更高的统一本身不是似乎自为地分裂为自为持存着的结果，毋宁说，在它的这种更高的统一中，生命**指出**了高级阶段之更高的东西，一切扬弃活动都存在于其中，也就是说，指出了一种知识，这种知识现在本身必然就是生命或独立性。这另一种生命就是自我意识，这种自我意识以生命之环节为引线展开，这些被引导的环节，当它们被收回到循环着的运动中时，就只能被把握为环节。

结　论

我将以突然中断或放弃人为的圆满的方式结束讲座。所有一切仍悬而未决。你们不要急于拾起对于这部著作的某种固定看法，或对其判断的某个观点，而是要学着领会：在这里成为必然的争辩之任务——它所是和它所要求的。

在这里，我们面对着一种哲学的处境，这处境通过这部著作展现其现实性而得到**证实**。

但它并没有在原始的意义上得到证实，即它没有奠定其可能性。只是，通过现实性，不可能性难道不就遭到了最强烈的驳斥，由此同时也就证明了可能性吗？而绝对不就真正现实地**存在**于《精神现象学》之中了吗？

如果这样，那么这绝对必然在著作本身开始**之先**就**存在**。起点之正当性不能通过终点来证实，因为终点本身只不过就是起点。所以，剩下的只不过就是跳跃到绝对之整体中吗？而这样，问题难道不就简单地变成了实际的跳跃之领会或实施的问题了吗？

当然——但如果这个问题本身正确地理解，它就是这样的问题：作为生存着的人本该是什么？他处在**何处**，他应该不应该跳跃，并因此成为不同的东西？

人处在何处？他根本上处于这样的境况，即**他**可以决定他的立足点，并衡量是否应该**离弃**它吗？还是说，人根本就无所居留，他毋宁是一种过渡？他作为这种过渡是完全无与伦比的，可以被逼迫到**存在面前**，以便在生存中去对待作为存在者的存在者吗？

人应该或者说他可能真正地作为过渡而从自身脱落，以便作为有

限的东西离弃自己吗，或者说，其本质难道不恰恰就是离弃性本身，那些只有他才可占有的东西，通过这种离弃而被占有吗？

如果您在这里所不断谈论的、但却未被说出来的一本质性的东西中，学会了领会些什么，那么这种情况之首要的或恰当的标志只能是这样的，即在您心中唤醒了某种愿望，去满足著作最内在的要求——其每一部分的所有要求，而且要根据它的力量和尺度。

编者后记

《黑格尔的精神现象学》讲座在弗莱堡大学 1930/1931 冬季学期每周进行两小时，除了个别几处括号中的注释以提示语形式出现外，其余基本上是完整的。这个讲座包括 48 页讲座文本和大量的附件，一部分作为插入语标出，一部分是课程的简短总结回顾。讲座的章节安排与被解释的著作相关，13 页导言之后的下一个标题又是："精神现象学"，5 页预先考察之后接下来的文本冠以"Ⅰ. 感性确定性或这一个和意指活动"，接下来的标题同样来自《精神现象学》众所周知的划分，一直到"B. 自我意识，Ⅳ. 其本身之确定性的真理"。

这个版本的根据，除了海德格尔本人 1976 年 3 月亲自委托给我的手稿之外，还有一份 Curd Ochwadt 藏有的笔记，和另外一份 Helene Weiß 的遗留稿，两份稿件都完全与原文相符合，只是第二份稿件中偶有几处希腊文原文错误。

此外，我还可以依据作者原稿的副本；这个副本在 DFG 的支持下，由 Ute Guzzoni 于 1961/1962 年制作并由 Ute、Alfredo Guzzoni 与海德格尔共同合作校对。这个副本顾及了所有插入语和附件，从一开始就进行一些修改，如删除了通常在句首的"und"、频繁出现的"eben""gerade"，以及习惯性的缀语，在个别地方同样进行了文体的修改，将动词按照语法规范归位，例如："黑格尔的这套程序难道不必然会**被**清楚、明白并且首先直接符合现实的经验所**反驳**吗？即我们……"调整海德格尔长句子中动词的位置，使之更加一目了然。这个副本的样本中有附录，或许是 Ute 和 Alfredo Guzzoni 同一时间修订的，这个修改过的文本彻底进行了上述调整；此外，句子的改动旨在更加便于理解，重

复的句子按照意思进行了修改，段落划分大多与手稿文本不同，被辨别出错误的地方得到了修正，被疏忽遗漏的内容得到了增补。引文大部分已经校正，个别几处简短而容易理解的插入语补入了文本中，与笔记并行不悖。

这些笔记做得非常好，使人推测讲座是当场被原始地速记下来的，因为存在常见的缀语、一连串的形容词，等等，同时也存在于手稿及其文本中。行文风格上显然有所偏离，人们可以察觉到，这里如何偏离口头的报告本身，有时出现缩写，有时出现注释，为了说清楚起见，当前所说的又回指到先前所说过的，外加某些简练的表达，等等——例外的是几处清晰可辨的听或理解上的错误。笔记中没有完成的，只在那些海德格尔与之争辩的地方。

在印刷稿完成的时候，采纳了副本中的那些文体修改，以便清楚或避免误解。旨在单纯地规范海德格尔写作风格的修改不一定被采纳，在较长的复合句读起来很清楚的情况下，无论如何都不允许修改。遵照海德格尔原则性的指示，采纳了笔记中的那些插入语或注释，以便说明某些表述困难的段落，尤其是明确引入一些新的表述方式，同样还有简明扼要表达解释意图的一些课程回顾。

附录中方括号中的插入语是海德格尔注释性的附加内容。

在由我制定的内容目录中，我试图突出解释过程中所涉及主题之要义，尽管仅仅因为页标题或索引而使多样性有所忽略。

跳过前言和导言，讲座解释了《精神现象学》的 A 章节“意识”和 B 章节“自我意识”(Ⅳ,1—3)，更确切地说，因为这些章节可以看作是对康德《纯粹理性批判》立场的发展和克服。特别是这里的“力和知性，现象和超感世界”章节，按照海德格尔的看法，对黑格尔历史性—实际性地具有一种核心的重大意义，首先作为与仍停留在现存性和知性之有限性中的反思哲学的争辩，其次作为观念论之绝对立场的准备和奠基。海德格尔在《现象学》的这个章节中看到了“系统地描述或论证以康德

的基础和提问为出发点的形而上学，到德国观念论形而上学的过渡，描述或论证从意识之有限性到精神之无限性的过渡"，正如一个记录课程回顾的附件中所写的。由此出发，海德格尔着眼于从意识向自我意识章节过渡中的这种"观念论奠基"，强调了黑格尔的迫切要求，不仅要从知识出发去把握自我意识，而且恰恰要突出其**存在的意义**。在关于自我意识的章节中，黑格尔的问题——不再是关于对象之对象性，而是"本己之立"、独立性或本己存在之本质问题，对于海德格尔来说是核心，"它所涉及的是，通过认知者绝对地设立自身而进行的知识之转送，精神在自身中所展开的**现实**之成效"。由此出发，在讲座的最后一段，《精神现象学》被解释为绝对"观念论"意义上的"绝对存在论之基础存在论"，"观念论"被理解为定位于ἰδεῖν(看)和 λόγος (逻各斯)的存在问题之开端。

这里对黑格尔立场的解释是基于一种关系而与之进行的争辩。这种争辩之核心是超越的概念，正如在海德格尔 1928 年的讲座《逻辑的形而上学始基》，以及后来在《论根据的本质》中，它被理解为：此在的超越，就其在一世界一之中一存在而言，它超出存在者。海德格尔从明确的方面看到他与康德相反的意向——从本己性之统一的根据出发说明先天的存在之领会的可能性——同样在黑格尔意识向自我意识的辩证发展中发挥着作用；另一方面，他以超出存在者而向本己性的超越，反对辩证地克服意识之矛盾的有限性，反对从相对中辩证地超离，以超越着的此在之有限性，反对绝对知识的无限性。"对存在的领会，是超离的吗？超离的就是**绝对**吗？还是说，超离只不过就是遮蔽了的**超越**，即有限性？我们的争辩被置于有限性和无限性的这种交叉路口。"一方面是从其有限性理解的人摆脱着存在者的超越活动，另一方面是与存在者之对象性相关的绝对知识之辩证的自行解脱——这两个以某种亲和力结合在一起的对立命题，铭刻在海德格尔 1930/1931 年解释黑格尔的讲座中。

我要感谢来自基尔大学哲学研究班的哲学博士 Ralf-Peter Lohse 先生和 Hartmut Tödt 先生，感谢他们在校勘阅读时的认真细致。

英格特劳德·古兰特

重要词语德-汉对照表*

das Absolute 绝对
absolvent 超离的
Absolvenz 超离
allgemein 普遍的
Allgemein 共相
Aufheben 扬弃
der Auftrag 任务、使命
aufzeigen 指示、指出
Ausdruck 表达
Äuβerung 外现
der Begriff 概念
besorgen 操劳
Bestimmtheit 规定性
bewahrheiten 证实、应验
die Bewegung 运动
das Bewuβtsein 意识
das Diese 这一个
diesig 这一个的
die Dingheit 物性
das Einfache 简单物
einheimisch 自家的
die Einseitigkeit 片面性
das Einsein 单一体
einzeln 个别的
einzig 唯一的
der Entstand 被产生的东西
erfahren 经验
die erfahrungswissenschaften 经验科学
die Erscheinung 现象
das Erscheinen 显现
der Gegenstand 对象
geschichtlich 历史的
gleichgültig 漠不相关的
die Herkunft 来源
die Ichheit 自我性
das Meine 我的
das Meinen 意指活动
die Mitte 中间物、中间环节、中项

* 大致参照 Parvis Emad 和 Kenneth Maly 的英译本，有所修改。

real 实在的
rein 纯粹的、单纯的
der Sachgehalt 事实内容
sachlich 事实的
scheinen 看起来像
das Seiende 存在者
das Sein 存在
das Selbst 本己
das Selbstbewuβtsein 自我(本己)意识
die Selbstheit 本己性
die Sichheit 自身性
das Sinnliche 感性的东西
der Schluβ 推论
die Sorge 操心
die Übersinnliche 超感性的东西
das Unmittelbare 直接物
der Unterschied 差别
das Verhältnis 关系
vermitteln 中介活动
die Vermittelheit 中介性
die Vernunft 理性
die Verschiedenheit 不同
vorhanden 现存的
die Wahrnehmung 知觉
das Wassein 所是、是什么
das Wesen 本质
die Wirklichkeit 现实性、现实
wissen 知道、认知
das Wissen 知识
die Wissenschaft 科学
die Wissenschaftlichkeit 科学性
die Zukunft 将来
zu-sich 自我实现

《当代学术棱镜译丛》
已出书目

媒介文化系列

第二媒介时代 [美]马克·波斯特

电视与社会 [英]尼古拉斯·阿伯克龙比

思想无羁 [美]保罗·莱文森

媒介建构:流行文化中的大众媒介 [美]劳伦斯·格罗斯伯格 等

揣测与媒介:媒介现象学 [德]鲍里斯·格罗伊斯

媒介学宣言 [法]雷吉斯·德布雷

媒介研究批评术语集 [美]W. J. T. 米歇尔 马克·B. N. 汉森

解码广告：广告的意识形态与含义 [英]朱迪斯·威廉森

全球文化系列

认同的空间——全球媒介、电子世界景观与文化边界 [英]戴维·莫利

全球化的文化 [美]弗雷德里克·杰姆逊 三好将夫

全球化与文化 [英]约翰·汤姆林森

后现代转向 [美]斯蒂芬·贝斯特 道格拉斯·科尔纳

文化地理学 [英]迈克·克朗

文化的观念 [英]特瑞·伊格尔顿

主体的退隐 [德]彼得·毕尔格

反"日语论" [日]莲实重彦

酷的征服——商业文化、反主流文化与嬉皮消费主义的兴起 [美]托马斯·弗兰克

超越文化转向 [美]理查德·比尔纳其 等

全球现代性:全球资本主义时代的现代性 [美]阿里夫·德里克

文化政策 [澳]托比·米勒 [美]乔治·尤迪思

通俗文化系列

解读大众文化 [美]约翰・菲斯克

文化理论与通俗文化导论(第二版) [英]约翰・斯道雷

通俗文化、媒介和日常生活中的叙事 [美]阿瑟・阿萨・伯格

文化民粹主义 [英]吉姆・麦克盖根

詹姆斯・邦德:时代精神的特工 [德]维尔纳・格雷夫

消费文化系列

消费社会 [法]让・鲍德里亚

消费文化——20 世纪后期英国男性气质和社会空间 [英]弗兰克・莫特

消费文化 [英]西莉娅・卢瑞

大师精粹系列

麦克卢汉精粹 [加]埃里克・麦克卢汉 弗兰克・秦格龙

卡尔・曼海姆精粹 [德]卡尔・曼海姆

沃勒斯坦精粹 [美]伊曼纽尔・沃勒斯坦

哈贝马斯精粹 [德]尤尔根・哈贝马斯

赫斯精粹 [德]莫泽斯・赫斯

九鬼周造著作精粹 [日]九鬼周造

社会学系列

孤独的人群 [美]大卫・理斯曼

世界风险社会 [德]乌尔里希・贝克

权力精英 [美]查尔斯・赖特・米尔斯

科学的社会用途——写给科学场的临床社会学 [法]皮埃尔・布尔迪厄

文化社会学——浮现中的理论视野 [美]戴安娜・克兰

白领:美国的中产阶级 [美]C. 莱特・米尔斯

论文明、权力与知识 [德]诺贝特·埃利亚斯

解析社会:分析社会学原理 [瑞典]彼得·赫斯特洛姆

局外人:越轨的社会学研究 [美]霍华德·S.贝克尔

社会的构建 [美]爱德华·希尔斯

新学科系列

后殖民理论——语境 实践 政治 [英]巴特·穆尔-吉尔伯特

趣味社会学 [芬]尤卡·格罗瑙

跨越边界——知识学科 学科互涉 [美]朱丽·汤普森·克莱恩

人文地理学导论:21世纪的议题 [英]彼得·丹尼尔斯 等

文化学研究导论:理论基础·方法思路·研究视角 [德]安斯加·纽宁 [德]维拉·纽宁主编

世纪学术论争系列

"索卡尔事件"与科学大战 [美]艾伦·索卡尔 [法]雅克·德里达 等

沙滩上的房子 [美]诺里塔·克瑞杰

被困的普罗米修斯 [美]诺曼·列维特

科学知识:一种社会学的分析 [英]巴里·巴恩斯 大卫·布鲁尔 约翰·亨利

实践的冲撞——时间、力量与科学 [美]安德鲁·皮克林

爱因斯坦、历史与其他激情——20世纪末对科学的反叛 [美]杰拉尔德·霍尔顿

真理的代价:金钱如何影响科学规范 [美]戴维·雷斯尼克

科学的转型:有关"跨时代断裂论题"的争论 [德]艾尔弗拉德·诺德曼 [荷]汉斯·拉德 [德]格雷戈·希尔曼

广松哲学系列

物象化论的构图 [日]广松涉

事的世界观的前哨 [日]广松涉

文献学语境中的《德意志意识形态》 [日]广松涉

存在与意义(第一卷) [日]广松涉

存在与意义(第二卷) [日]广松涉

唯物史观的原像 [日]广松涉

哲学家广松涉的自白式回忆录 [日]广松涉

资本论的哲学 [日]广松涉

马克思主义的哲学 [日]广松涉

世界交互主体的存在结构 [日]广松涉

国外马克思主义与后马克思思潮系列

图绘意识形态 [斯洛文尼亚]斯拉沃热·齐泽克 等

自然的理由——生态学马克思主义研究 [美]詹姆斯·奥康纳

希望的空间 [美]大卫·哈维

甜蜜的暴力——悲剧的观念 [英]特里·伊格尔顿

晚期马克思主义 [美]弗雷德里克·杰姆逊

符号政治经济学批判 [法]让·鲍德里亚

世纪 [法]阿兰·巴迪欧

列宁、黑格尔和西方马克思主义:一种批判性研究 [美]凯文·安德森

列宁主义 [英]尼尔·哈丁

福柯、马克思主义与历史:生产方式与信息方式 [美]马克·波斯特

战后法国的存在主义马克思主义:从萨特到阿尔都塞 [美]马克·波斯特

反映 [德]汉斯·海因茨·霍尔茨

为什么是阿甘本? [英]亚历克斯·默里

未来思想导论:关于马克思和海德格尔 [法]科斯塔斯·阿克塞洛斯

无尽的焦虑之梦:梦的记录(1941—1967) 附《一桩两人共谋的凶杀案》(1985) [法]路易·阿尔都塞

马克思:技术思想家——从人的异化到征服世界 [法]科斯塔斯·阿克塞洛斯

经典补遗系列

卢卡奇早期文选 [匈]格奥尔格·卢卡奇

胡塞尔《几何学的起源》引论 [法]雅克·德里达
黑格尔的幽灵——政治哲学论文集[Ⅰ] [法]路易·阿尔都塞
语言与生命 [法]沙尔·巴依
意识的奥秘 [美]约翰·塞尔
论现象学流派 [法]保罗·利科
脑力劳动与体力劳动:西方历史的认识论 [德]阿尔弗雷德·索恩-雷特尔
黑格尔 [德]马丁·海德格尔
黑格尔的精神现象学 [德]马丁·海德格尔
生产运动:从历史统计学方面论国家和社会的一种新科学的基础的建立 [德]弗里德里希·威廉·舒尔茨

先锋派系列

先锋派散论——现代主义、表现主义和后现代性问题 [英]理查德·墨菲
诗歌的先锋派:博尔赫斯、奥登和布列东团体 [美]贝雷泰·E.斯特朗

情境主义国际系列

日常生活实践 1.实践的艺术 [法]米歇尔·德·塞托
日常生活实践 2.居住与烹饪 [法]米歇尔·德·塞托 吕斯·贾尔 皮埃尔·梅约尔
日常生活的革命 [法]鲁尔·瓦纳格姆
居伊·德波——诗歌革命 [法]樊尚·考夫曼
景观社会 [法]居伊·德波

当代文学理论系列

怎样做理论 [德]沃尔夫冈·伊瑟尔
21世纪批评述介 [英]朱利安·沃尔弗雷斯
后现代主义诗学:历史·理论·小说 [加]琳达·哈琴
大分野之后:现代主义、大众文化、后现代主义 [美]安德列亚斯·胡伊森
理论的幽灵:文学与常识 [法]安托万·孔帕尼翁

反抗的文化:拒绝表征 [美]贝尔·胡克斯

戏仿:古代、现代与后现代 [英]玛格丽特·A. 罗斯

理论入门 [英]彼得·巴里

现代主义 [英]蒂姆·阿姆斯特朗

叙事的本质 [美]罗伯特·斯科尔斯　詹姆斯·费伦　罗伯特·凯洛格

文学制度 [美]杰弗里·J. 威廉斯

新批评之后 [美]弗兰克·伦特里奇亚

文学批评史:从柏拉图到现在 [美]M. A. R. 哈比布

德国浪漫主义文学理论 [美]恩斯特·贝勒尔

萌在他乡:米勒中国演讲集 [美]J. 希利斯·米勒

文学的类别: 文类和模态理论导论 [英]阿拉斯泰尔·福勒

思想絮语: 文学批评自选集(1958—2002) [英]弗兰克·克默德

叙事的虚构性:有关历史、文学和理论的论文(1957—2007) [美]海登·怀特

21 世纪的文学批评:理论的复兴 [美]文森特·B. 里奇

核心概念系列

文化 [英]弗雷德·英格利斯

风险 [澳大利亚]狄波拉·勒普顿

学术研究指南系列

美学指南 [美]彼得·基维

文化研究指南 [美]托比·米勒

文化社会学指南 [美]马克·D. 雅各布斯　南希·韦斯·汉拉恩

艺术理论指南 [英]保罗·史密斯　卡罗琳·瓦尔德

《德意志意识形态》与文献学系列

梁赞诺夫版《德意志意识形态·费尔巴哈》 [苏]大卫·鲍里索维奇·梁赞诺夫

《德意志意识形态》与 MEGA 文献研究 [韩]郑文吉

巴加图利亚版《德意志意识形态·费尔巴哈》[俄]巴加图利亚

MEGA:陶伯特版《德意志意识形态·费尔巴哈》[德]英格·陶伯特

当代美学理论系列

今日艺术理论 [美]诺埃尔·卡罗尔

艺术与社会理论——美学中的社会学论争 [英]奥斯汀·哈灵顿

艺术哲学:当代分析美学导论 [美]诺埃尔·卡罗尔

美的六种命名 [美]克里斯平·萨特韦尔

文化的政治及其他 [英]罗杰·斯克鲁顿

当代意大利美学精粹 周 宪 [意]蒂齐亚娜·安迪娜

现代日本学术系列

带你踏上知识之旅 [日]中村雄二郎 山口昌男

反·哲学入门 [日]高桥哲哉

作为事件的阅读 [日]小森阳一

超越民族与历史 [日]小森阳一 高桥哲哉

现代思想史系列

现代主义的先驱:20世纪思潮里的群英谱 [美]威廉·R.埃弗德尔

现代哲学简史 [英]罗杰·斯克拉顿

美国人对哲学的逃避:实用主义的谱系 [美]康乃尔·韦斯特

时空文化:1880—1918 [美]斯蒂芬·科恩

视觉文化与艺术史系列

可见的签名 [美]弗雷德里克·詹姆逊

摄影与电影 [英]戴维·卡帕尼

艺术史向导 [意]朱利奥·卡洛·阿尔甘 毛里齐奥·法焦洛

电影的虚拟生命 [美]D. N. 罗德维克

绘画中的世界观 [美]迈耶·夏皮罗

缪斯之艺:泛美学研究 [美]丹尼尔·奥尔布赖特

视觉艺术的现象学 [英]保罗·克劳瑟

总体屏幕:从电影到智能手机 [法]吉尔·利波维茨基
[法]让·塞鲁瓦

艺术史批评术语 [美]罗伯特·S. 纳尔逊 [美]理查德·希夫

设计美学 [加拿大]简·福希

工艺理论:功能和美学表达 [美]霍华德·里萨蒂

艺术并非你想的那样 [美]唐纳德·普雷齐奥西 [美]克莱尔·法拉戈

艺术批评入门:历史、策略与声音 [美]克尔·休斯顿

当代逻辑理论与应用研究系列

重塑实在论:关于因果、目的和心智的精密理论 [美]罗伯特·C. 孔斯

情境与态度 [美]乔恩·巴威斯 约翰·佩里

逻辑与社会:矛盾与可能世界 [美]乔恩·埃尔斯特

指称与意向性 [挪威]奥拉夫·阿斯海姆

说谎者悖论:真与循环 [美]乔恩·巴威斯 约翰·埃切曼迪

波兰尼意会哲学系列

认知与存在:迈克尔·波兰尼文集 [英]迈克尔·波兰尼

科学、信仰与社会 [英]迈克尔·波兰尼

现象学系列

伦理与无限:与菲利普·尼莫的对话 [法]伊曼努尔·列维纳斯

新马克思阅读系列

政治经济学批判:马克思《资本论》导论 [德]米夏埃尔·海因里希

西蒙东思想系列

论技术物的存在模式 [法]吉尔贝·西蒙东

江苏省版权局著作权合同登记　图字:10－2013－550 号

图书在版编目(CIP)数据

黑格尔的精神现象学 /（德）马丁·海德格尔著；（德）英格特劳德·古兰特编；赵卫国译. -- 南京：南京大学出版社，2018.3(2024.6 重印)
（当代学术棱镜译丛 / 张一兵主编）
ISBN 978－7－305－13217－9

Ⅰ. ①黑… Ⅱ. ①马… ②英… ③赵… Ⅲ. ①《精神现象学》—研究 Ⅳ. ①B516.35②B089

中国版本图书馆 CIP 数据核字(2017)第 161960 号

本书受国家社科基金项目资助(项目号:09XZX006)

出版发行　南京大学出版社
社　　址　南京市汉口路 22 号　　　　邮　编　210093

丛 书 名　当代学术棱镜译丛
书　　名　黑格尔的精神现象学
HEIGE'ER DE JINGSHEN XIANXIANGXUE
著　　者　[德]马丁·海德格尔
编　　者　[德]英格特劳德·古兰特
译　　者　赵卫国
责任编辑　李　博

照　　排　南京南琳图文制作有限公司
印　　刷　江苏凤凰通达印刷有限公司
开　　本　635 mm×965 mm　1/16 开　印张 13.25　字数 180 千
版　　次　2018 年 3 月第 1 版　　印次　2024 年 6 月第 5 次印刷
ISBN 978－7－305－13217－9
定　　价　38.00 元

网址：http://www.njupco.com
官方微博：http://weibo.com/njupco
官方微信号：njupress
销售咨询热线：(025) 83594756

Martin Heidegger (Author) **Ingtraud Görland** (Editor)

Hegels Phänomenologie des Geistes

南京大学郑钢基金
ZHENG GANG FUND OF NANJING UNIVERSITY
由南京大学郑钢基金资助出版

折射集
prisma

照亮存在之遮蔽